www.ingramcontent.com/pod-product-compliance
Lightning Source LLC
LaVergne TN
LVHW010551070526
838199LV00063BA/4936
9789358723182

تبصرے و جائزے

(رسالہ 'قرطاس' کے شماروں سے منتخب شدہ تبصرے)

مرتب:

محمد امین

© Taemeer Publications LLC

Tabsrey wo Jaizey (Reviews)

Edited by: Mohammad Ameen

Edition: December '2023

Publisher :

Taemeer Publications LLC (Michigan, USA / Hyderabad, India)

ISBN 978-93-5872-318-2

9 789358 723182

مصنف یا ناشر کی پیشگی اجازت کے بغیر اس کتاب کا کوئی بھی حصہ کسی بھی شکل میں بشمول ویب سائٹ پر اَپ لوڈنگ کے لیے استعمال نہ کیا جائے۔ نیز اس کتاب پر کسی بھی قسم کے تنازع کو نمٹانے کا اختیار صرف حیدرآباد (تلنگانہ) کی عدلیہ کو ہوگا۔

کتاب	:	**تبصرے و جائزے**
مرتب	:	**محمد امین**
کمپوزنگ / پروف ریڈنگ و تدوین	:	ساحل کمپیوٹرس / اعجاز عبید
صنف	:	تبصرہ و تجزیہ
ناشر	:	تعمیر پبلی کیشنز (حیدرآباد، انڈیا)
سالِ اشاعت	:	۲۰۲۳ء
صفحات	:	۱۰۶
سرورق ڈیزائن	:	تعمیر ویب ڈیزائن

فہرست

(۱)	ایوت محل میں نعت نگاری۔۔۔ایک سرسری جائزہ	محمد یعقوب الرحمن	6
(۲)	عاصی ناگپوری اور صفات الانبیا	محمد شرف الدین ساحل	22
(۳)	عطا عابدی کی غزلیات کا مجموعہ "بیاض": ایک جائزہ	محمد بدیع الزماں	34
(۴)	منور رانا کا ہمہ جہت تخلیقی سفر	ڈاکٹر محبوب راہی	45
(۵)	سید معراج جامی کی غزل گوئی	ڈاکٹر فراز حامدی	59
(۶)	ڈاکٹر گیان چند بحیثیت شاعر	کوثر صدیقی	68
(۷)	ابراہیم ہوش۔۔۔ایک کثیر الجہات شاعر	ڈاکٹر معصوم شرقی	81
(۸)	عصری تقاضوں کا شاعر۔۔۔ساغر وارثی	مدہوش بلگرامی	93
(۹)	رفیق شاکر: جھنجھٹ کی شادی ایک جائزہ	خالد یوسف	101

(۱) ایوت محل میں نعت نگاری۔۔۔ایک سرسری جائزہ

محمد یعقوب الرحمن

ایوت محل ضلع میں اردو ادب کی تاریخ کے تعلق سے گفتگو کی جائے تو ایک صدی پہلے یہاں طویل خاموشی دکھائی دے گی۔ البتہ بیسویں صدی کی دوسری دہائی میں چند مقامات پر کم از کم زمیندار گھرانوں میں اس وقت کے اہم علمی و ادبی رسائل آنے لگے تھے۔ گونڈواکڑی، قلمب، کالی، آمکینی، مینڈلہ، ڈھانکی و کانڈلی جیسے چھوٹے چھوٹے قصبات میں قدیم رسائل کافی تعداد میں موجود تھے۔ جس کی بنا پر کہا جا سکتا ہے کہ برار کے دوسرے اضلاع میں تخلیقی ادب کے دھارے جب بہہ رہے تھے تو اس وقت ایوت محل میں ادبی رسائل کی ورق گردانی کا عمل جاری تھا۔ ۱۹۲۰ء کے بعد چند لوگوں نے رسائل میں اپنی تخلیقات چھپوانے کی طرف توجہ دی۔

اس سلسلہ کی ایک اہم کڑی آمکینی کے زمیندار حکیم انوار محمد خاں مرحوم کی کوشش سنگ میل کی حیثیت رکھتی ہے۔ حکیم انوار محمد خاں کامل مرحوم نے ۱۹۲۶ء میں پوسد اور واشم کے خوش فکر شعرا کی تخلیقات "مراۃ السخن" نامی کتاب میں پیش کیں۔

ایوت محل ضلع میں نعت نگاری کا جائزہ لیا جائے تو یہی کہا جا سکتا ہے کہ شعرا حضرات نے نعت نگاری کی طرف نہ صرف توجہ دی ہے بلکہ اس صنف سخن سے اپنی دلچسپی کا اظہار کرنے میں کبھی کوتاہی نہیں برتی۔ ایوت محل ضلع میں نعت نگاری کا سرسری جائزہ قلمبند کرنے کا خیال آیا تو راقم الحروف نے مواد کی تلاش شروع کر دی۔

پہلی بار احساس ہوا کہ یہ کام اتنا آسان نہیں ہے جتنا نظر آتا ہے۔ اس موضوع پر شعرا حضرات کی تمام تخلیقات کے ملنے کا انتظار کرتا تو زندگی کے باقی دن کم پڑتے۔ اس لیے جو بھی نعت مل گئی اس کے چند اشعار نوٹ کر لیے۔ ظاہر ہے اس انتخاب سے ایوت محل ضلع میں نعت نگاری کے درجہ کا تعین ممکن نہیں لیکن اس جانب اسے پہلا قدم ضرور کہہ سکتے ہیں۔

کسی بھی موضوع پر علمی و ادبی گفتگو کے لیے قلمکاروں کی ترتیب میں حفظ مراتب کا خیال بڑی اہمیت رکھتا ہے۔ اس کے لیے مضمون نگار کا موضوع پر قدرت رکھنا ضروری ہے۔ ایک عام قاری یہ فیصلہ کر بیٹھے تو بحث و مباحثے کی گنجائش نکل آئے گی اس لیے زیر نظر سطور میں شعرا اکرام کی ترتیب کو ان کے ادبی مراتب کی بجائے تخلص کو بنیاد بنا کر حروف تہجی کے اعتبار سے پیش کیا گیا ہے۔

پروفیسر نجیب احمد خاں آذرؔ:

نام نجیب احمد خاں، تخلص آذر، نہرو مہاودیالیہ نیر میں اردو و فارسی کے استاد ہیں۔ شعر و شاعری کا صاف ستھرا ذوق رکھتے ہیں۔ علمی و ادبی تقریبات میں بڑھ چڑھ کر حصہ لیتے ہیں۔ غزل کے شاعر ہیں۔ نعت پاکؐ کے تعلق سے ان کا خیال ہے کہ:

"نعت نبی کا تعلق صرف فن سے نہیں بلکہ آپؐ کے عشق و عقیدت کی فراوانی سے ہے۔"

یہی جذبہ آذرؔ صاحب کے نعتیہ کلام کا طرۂ امتیاز ہے۔ چند نعتیہ اشعار ملاحظہ فرمائیں:

از آسماں تا اس زمیں، تم سا کہیں کوئی نہیں

یارحمت اللعالمین یارحمت اللعالمین
کشف الدجیٰ، نورالھدیٰ مداح تمہارا ہے خدا
یارحمت اللعالمین یارحمت اللعالمین

اشہر اسمٰعیل:

عتیق الرحمن نام ہے۔ قلمی نام اشہر اسمٰعیل۔ داروہ پنچایت سمیتی میں کیندر پرمکھ کے فرائض انجام دے رہے ہیں۔ ملک کے اہم ادبی رسائل میں نثری تخلیقات شائع ہو چکی ہیں۔ صاف ستھری نثر لکھنے کے لیے مشہور ہیں۔ شاعری میں سنجیدہ و صالح افکار کے ترجمان ہیں۔ نمونہ کلام:

حق، صداقت، علم کے روشن خزینے آ گئے
آپؐ آئے ظلمت شب کو پسینے آ گئے
دل نے چاہا ٹوٹ جائے روح کا یہ پیرہن
قافلے جب جب تصور کے مدینے آ گئے
ماں کے قدموں تلے آباد جنت کر گئے
بیٹیاں رحمت بنیں جب کملی والے آ گئے

محمد علی باقؔی:

محمد علی باقؔی صاحب نگر پریشد اردو اسکول سے بحیثیت صدر مدرس سبکدوش ہو چکے ہیں۔ ایام طالب علمی سے شعر و شاعری کا ذوق ہے۔ بہت کم کہتے ہیں لیکن اچھا کہتے ہیں۔

شاعری کی ابتدا حمد و نعت نگاری سے کی۔ ان کی نعت کے چند اشعار پیش کرتا ہوں:

آپ محبوب خدا ہیں یا نبیؐ
حور و غلماں سب فدا ہیں یا نبیؐ
دین حق عالم میں پھیلا آپ سے
آپ ہی نور الھدیٰ ہیں یا نبیؐ
باقیؔ ہے لطف و کرم کا منتظر
آپ کیا ہم سے خفا ہیں یا نبیؐ

ایڈوکیٹ عبد الجلیل کمال پاشا:

ایوت محل پریشد کے محکمہ تعلیم میں ملازمت سے سبکدوش ہونے کے بعد وکالت کرتے ہیں۔ اپنے علاقے میں شاعر انقلاب کی حیثیت سے جانے جاتے ہیں۔ پاشاؔ صاحب کی ادبی زندگی کا آغاز، افسانہ نگاری سے ہوا۔ ماہنامہ "آج کل" اور ماہنامہ "ماہ نو" میں ان کے افسانے شائع ہو کر ادبی حلقوں میں پسندیدہ نظروں سے دیکھے گئے۔ شاعری میں اخلاقی قدروں کے ترجمان ہیں۔ بڑھتی ہوئی بے راہ روی اور جدید مسائل پر گہری نظر رکھتے ہیں۔ یہی وجہ ہے کہ مشاعروں میں بھی پسند کیے جاتے ہیں۔ نعتیہ اشعار بطور نمونہ پیش ہیں:

جس کو دنیا میں محمدؐ سے محبت ہو گی
حشر میں اس پہ خداوند کی رحمت ہو گی
رات دن عشق محمدؐ میں جو کھویا ہو گا
خواب میں اس کو محمدؐ کی بشارت ہو گی

جس کسی کو ہے محمدؐ کی شفاعت پر یقیں
حشر میں اس کی یقیناً ہی شفاعت ہو گی

عبدالرحیم سحر براری:

مہاراشٹر اسٹیٹ ٹرانسپورٹ کارپوریشن میں ملازمت کی مدت پوری ہونے کے بعد ریٹائر ہو چکے ہیں۔ غزل کے شاعر ہیں۔ اپنے کلام و ترنم کی وجہ سے مشاعروں میں بھی پسند کیے جاتے ہیں۔ اردو رسائل و اخبارات میں کلام شائع ہوتا ہے۔ ایک بند ملاحظہ فرمائیں:

نہ عزت کام آئیگی، نہ دولت کام آئیگی
نہ شہرت اور نہ جھوٹی شان و شوکت کام آئیگی
نہ تاج و تخت نہ یہ حکومت کام آئیگی
یہی ایک شئے ہے جو روز قیامت کام آئیگی
گنہگاروں محمدؐ کی شفاعت کام آئیگی

محمد اکبر شارد:

درس و تدریس کے مقدس پیشے سے منسلک تھے۔ دو ماہ قبل نگر پریشد اردو اسکول کے صدر مدرس کی حیثیت سے سبکدوش ہو چکے ہیں۔ مہاراشٹر اردو اکاڈمی کے رکن بھی رہے۔ شہر کی مختلف سماجی ادبی انجمنوں سے منسلک ہیں۔ حضرت مصور کارنجوی مرحوم سے متاثر ہیں۔ نظم کے کامیاب شاعر ہیں۔ چھپنے چھپوانے میں دلچسپی نہیں ورنہ صاحب کتاب ہو گئے ہوتے۔ مشاعروں میں لوگ انہیں توجہ سے سنتے ہیں۔ نعتیہ اشعار بطور

نمونہ پیش ہیں:

آپؐ ہیں سلطان دیں میرے نبیؐ
ہے مجھے کامل یقیں میرے نبیؐ
حسن یوسفؑ بھی ہے شرمایا ہوا
آپ ہیں ایسے حسیں میرے نبیؐ
آپ کے قدم مبارک کے طفیل
بن گئی جنت زمیں میرے نبیؐ

غلام طیب پاشاشباب:

غلام طیب پاشاشباب کا وطن ناندیڑ ہے۔ ملازمت کے سلسلہ میں ایوت محل آئے اور یہیں کے ہو کر رہ گئے۔ سائنس کے استاد ہے مگر آج کل ضلع پریشد ہائی اسکول چال بڑی میں صدر مدرس کے فرائض انجام دے رہے ہیں۔ علمی و ادبی تقریبات کے انعقاد کے لیے ہمیشہ تیار رہتے ہیں۔ مراٹھی زبان والوں کو اردو پڑھاتے پڑھاتے مراٹھی سیکھ گئے۔ مراٹھی میں بھی لکھنے لگے ہیں۔ ملی مسائل پر گہری نظر رکھتے ہیں۔ نعت پاکؐ کے چند اشعار ملاحظہ فرمائیں:

آپؐ آئے سنبھل گئی دنیا
پل ہی پل میں بدل گئی دنیا
آ کے محنت کشوں کی باہوں میں
موم بن کر پگھل گئی دنیا
عدل و انصاف کی اذاں سن کر

منکروں کی دہل گئی دنیا

گونج اٹھا جو کلمہ توحید

ظلمتوں سے نکل گئی دنیا

جن کے صدقے میں دو جہاں بنے

کائناتوں میں لاجواب ہے وہؐ

عدل و انصاف کا نصاب ہے وہؐ

حکمتوں سے بھری کتاب ہے وہؐ

نصر اللہ خاں شرر مرحوم:

وطن عزیز ملکاپور تھا۔ ملازمت کے سلسلہ میں ایوت محل پہنچے۔ بروک بانڈ چائے کمپنی میں منیجر کے عہدہ سے سبکدوش ہوئے۔ اردو کے سلسلہ میں ہمیشہ پہلی قطار میں رہتے۔ شاعری کا صاف ستھرا مذاق رکھتے تھے۔ اردو کی کسی بھی تقریب کے سلسلہ میں جب بھی انہیں تکلیف دی فوراً حاضر ہو جاتے۔ اردو دوست تھے۔ نعت پاک کے چند اشعار پیش کرتا ہوں:

شدت غم سے پریشاں، غم مٹانے آگئے

ہم دیار مصطفی میں چین پانے آگئے

جب سے دامن آپ کا ہاتھوں میں میرے آگیا

مجھ کو جینے کے نئے سو سو بہانے آگئے

ایڈوکیٹ مصطفی بیگ صابر مصوری:

حضرت مصور کارنجوی مرحوم کے عزیز ترین شاگرد ہیں۔ کورٹ میں ملازمت کرتے ہوئے وکالت کا امتحان پاس کر لیا۔ وکالت کرتے ہیں لیکن وکیلوں جیسی بات نہیں۔ طبیعت میں بلا کی انکساری ہے۔ خیالات میں پاکیزگی اور کلام میں پختگی کے اعتبار سے ایوت محل کے معتبر و محترم شعرا میں شمار ہوتا ہے۔ ایوت محل میں تقریباً ہر مشاعرہ میں نعتؐ پڑھنے کے لئے صابر صاحب کو مدعو کیا جاتا ہے۔ نام و نمود سے دور رہ کر حمد و نعت پاک کے ذریعہ صالح و تعمیری افکار کی ترجمانی حضرت صابر مصوری کی پہچان ہے۔ اردو زبان کے شاعر ہی نہیں بلکہ اس زبان کے دوست بھی ہیں۔ ایوت محل میں نعتیہ رنگ کی شاعری کے لئے پہلی نظر آپ پر جاتی ہے۔ نمونہ کلام پیش ہے:

عیسیٰؑ کو جن پہ ناز ہے وہ چارہ گر ہیں آپؐ
پیچھے ہیں جن کے خضرؑ بھی وہ راہبر ہیں آپؐ
شمس و قمر بھی ہیچ ہیں تمثیل کے لئے
سچ تو یہ ہے کہ غیرت شمس و قمر ہیں آپؐ
جس نور کی جھلک بھی نہ دیکھی کلیمؑ نے
وہ نور تھا نگاہ میں وہ دیدہ ور ہیں آپؐ
آیا کرم کا ذکر تو صابر کا ذکر کیا
کونین معترف ہے کہ خیر البشر ہیں آپؐ

خان حسنین عاقب:

خان حسنین عاقب کا وطن آکولہ ہے۔ ملازمت کے سلسلہ میں مصور کارنجوی مرحوم کے وطن ثانی پوسد میں قوم کے معماروں کو انگریزی پڑھاتے ہیں ایوت محل ضلع

کی علمی و ادبی تقریبات میں عاقب کی شرکت لازمی سی ہوگئی ہے۔ ہندوستان کے اہم ادبی رسالوں میں اپنی تخلیقات کی اشاعت کی وجہ سے ایوت محل ضلع کی شناخت مستحکم کر رہے ہیں۔ غزل کے شاعر ہیں۔ نظمیں اور ماہیوں کی وجہ سے بھی ادبی حلقوں میں قدر کی نگاہوں سے دیکھے جاتے ہیں۔ انگریزی میں شاعری کرنے کی وجہ سے عاقب کے تذکرے بیرون ملک بھی سنے جا رہے ہیں۔ نعت پاک کے چند اشعار پیش ہیں:

ظلمتیں چھٹ گئی، یہ پیام آگیا
صبح دم روشنی کا امام آگیا
ذکر احمدؐ پہ ہے ختم سب مدحتیں
اے قلم ٹھہر وقت قیام آگیا
باخبر باادب سر کو خم کیجئے
میرے لب پہ محمدؐ کا نام آگیا

امی ر علی فنی:

ایوت محل ضلع میں طنز و مزاحیہ شاعری کی نمائندگی کے لیے بس ایک نام ہے وہ ہے امیر علی فنی۔ فنی مہاراشٹر کے علاوہ دوسری ریاستوں میں بھی مشاعرے پڑھ چکے ہیں۔ طنز و مزاح کے میدان کا شاعر بارگاہ نبوتؐ میں جب شعروں کا نذرانہ پیش کرتا ہے تو یقین نہیں آتا کہ یہ وہی فنی ہے جو قہقہوں کی جھڑی لگا دیتا ہے۔ نعت پاکؐ کے چند اشعار ملاحظہ فرمائیں:

رہتے تھے ورنہ آج جہالت میں گم سبھی
دل میں ہمارے آپؐ سے جاگا شعور ہے

روضے کو چومتے ہیں تصور میں ہر گھڑی
روضہ ترا گو شاہ مدیں ہم سے دور ہے
جب بھی ذکر حضور ہوتا ہے
سب کے چہرے پہ نور ہوتا ہے
جو بھی درس قرآں سنے فنی
اس کو حاصل شعور ہوتا ہے

رحمن خان گلشن بیابانی:

نام رحمن خان، وطن اچلپور، ملازمت کے سلسلہ میں ضلع ایوت محل کی تحصیل نیر میں قیام ہے۔ درس و تدریس کے پیشے سے وابستہ ہیں۔ خوش فکر شاعر ہیں۔ مہاراشٹر اور دوسری ریاستوں میں مشاعرے پڑھ چکے ہیں۔ اپنے کلام و ترنم کی وجہ سے مقبول ہیں۔ معیاری ادبی رسائل میں کلام شائع ہوتا ہے۔ مجموعہ کلام "لاتحف" زیر طبع ہے۔ نمونہ کلام ملاحظہ فرمائیں:

آؤ کہ چلیں ہم تم اے یار مدینے میں
رہتے ہیں نبیوں کے سردار مدینے میں
مٹی میں مدینے کی تاثیر ہے کچھ ایسی
پاتے ہیں شفا سب ہی بیمار مدینے میں
اللہ نے چاہا تو ایک روز مجھے گلشن
جا کر یہ سنانے ہیں اشعار مدینے میں

خواجہ معین الدین مخلص مصوری:

خواجہ معین الدین مخلص مصوری کا شمار ضلع کے کہنہ مشق شعرا میں ہوتا ہے۔ درس و تدریس کے پیشے سے سبکدوش ہونے کے بعد پورا وقت اردو کے شعری ادب کی تخلیق اور نوجوانوں میں شعری ذوق پیدا کرنے میں صرف کرتے ہیں۔ مخلص صاحب کا وطن قلمنوری ضلع پربھنی ہے لیکن ملازمت اور مصور کارنجوی کی محبت و عقیدت نے پوسد میں قیام کرنے پر مجبور کر دیا۔ مخلص مصوری نے اپنے استاد مصور کارنجوی مرحوم کی صحیح معنوں میں خدمت کی ہے۔ مصور کارنجوی مرحوم کے عزیز ترین شاگردوں میں شمار ہوتا ہے۔ مخلص مصوری کا مجموعہ کلام "صدف صدف موتی" ۱۹۹۹ء میں شائع ہو کر نقادانِ فن سے خراج تحسین وصول کر چکا ہے۔ نعتوں کا مجموعہ "صدائے سرمدی" بہت جلد اردو کے باذوق قارئین کے ہاتھوں میں ہوگا۔ ان کی تحریر کردہ نعتوں کا آڈیو کیسٹ عوام میں بے حد مقبول ہوا۔ نمونہ کلام پیش ہے:

طالب و مطلوب میں دل کھول کر باتیں ہوئیں
عرش اعظم پر رسائی آپ کی اچھی لگی
آرزو مہر نبوت دیکھنے کی دل میں تھی
راز کھلنے پر "عکاشہ" کی خوشی اچھی لگی
مسلم و مشرک نہ دیکھا فیصلہ جب بھی کیا
یاشہہ دیں آپؐ کی یہ منصفی اچھی لگی
مدینہ نگر ہے بسانے کے قابل
پلٹ کر وہاں سے نہ آنے کے قابل
سلامت ہیں اعضاء ابھی میرے آقا

ابھی ہوں مدینہ بلانے کے قابل
عرب لڑکیاں زندہ کرتے تھے در گور
تمہاریؐ بدولت بلا یہ ٹلی ہے
کرے کیوں نہ ناز اپنی فطرت پہ خوشبو
پسینے کی مرہون منت رہی ہے

حضرت مرزا احمد بیگ مصور کارنجوی:

آج بھی یہی محسوس ہوتا ہے کہ وہ ابھی ابھی ہمارے درمیان تھے۔ مہاراشٹر کی اردو ادبی دنیا میں ایوت محل ضلع کی شناخت کا سہرا حضرت مرزا احمد بیگ مصور کارنجوی مرحوم کے سر جاتا ہے۔ آج بھی ان کا نام بڑے عزت و احترام سے لیا جاتا ہے۔ ہر چند کہ ان کا وطن کارنجہ ضلع آکولہ تھا۔ لیکن ملازمت اور ادبی ماحول نے حضرت کو پوسد میں رہنے کے لیے مجبور کر دیا۔ اپنے ہم خیال احباب کے ساتھ مل بیٹھ کر اردو کی شمع روشن کی۔ چار شعری مجموعے شائع ہوئے۔ مصور کارنجوی مرحوم کی خدمت کا حق ان کے شاگرد رشید مخلص مصوری نے واقعی ادا کیا۔ مدھیہ پردیش کی ایک ادبی انجمن نے انہیں "مانی سخن" کا خطاب عطا کیا۔ پروفیسر لطیف احمد سبحانی ان کے تعلق سے لکھتے ہیں:

"بیان کی سادگی، تخیل کی بلند پروازی، احساسات کی گہرائی اور خیالات کی برجستگی ان کے کلام کی ممتاز خصوصیات ہیں۔"

نعت پاکؐ کے چند اشعار پیش ہیں:

بتاؤ تو کسی نے راہبر ایسا بھی دیکھا ہے
حق و صدق و صفا کا مستقر ایسا بھی دیکھا ہے

خدا کی خاص جس پر نظر ایسا بھی دیکھا ہے
نبی دیکھے ہیں دنیا نے مگر ایسا بھی دیکھا ہے
کہ جس کو اپنی امت کی خطاؤں پر بھی پیار آئے
مثیل کیا وجود عدیم المثال کی
توصیف کیا حضورؐ کے حسن کمال کی
ممکن نہیں رسائی شعور و خیال کی
تصور کیا بناؤں مصور جمال کی
حق یہ کہ ہر کمال کی ایک انتہا ہیں آپؐ

سید اعجاز حسین، منصور اعجاز:

سید اعجاز حسین کا وطن تلے گاؤں دسا سر ہے۔ کسی زمانے میں جوش تخلص رہا۔ آج کل منصور اعجاز کے قلمی نام سے ہندوستان کے معیاری ادبی رسائل میں ایوت محل ضلع کی شناخت قائم کیے ہوئے ہیں۔ منصور اعجاز روایات کے منکر نہیں لیکن جدید لب و لہجہ کے قائل ضرور ہیں۔ دور جدید کے سیاسی، سماجی و معاشی مسائل نے منصور اعجاز کو حق گو بنا دیا ہے۔ وہ منافق نہیں۔ منصور اعجاز نظم کے شاعر ہیں۔ جدید لب و لہجہ کے اس شاعر کو اعلیٰ ادبی رسائل بڑے شوق سے چھاپتے ہیں۔ منصور اعجاز اردو کے علاوہ ہندی اور مراٹھی میں لکھتے ہیں۔ اردو والوں کے لیے کچھ اور مراٹھی والوں کے لیے کچھ اور لکھنا ان کے نزدیک منافقت ہے ان کی اردو نظموں کا مراٹھی ترجمہ "زیر ہند" کے نام سے شائع ہو چکا ہے۔ "چاندنی کا درد" ان کا پہلا مجموعہ کلام ہے جس پر ملک کی اہم ادبی شخصیات کے خیالات پڑھنے سے تعلق رکھتے ہیں۔ نعتیہ رنگ کے اشعار ملاحظہ فرمائیں:

تو نہیں ہے تو پھر دوسرا کون ہے

ان اندھیروں میں روشن دیا کون ہے

حشر میں جو سب کے آگے آگے ہو گا وہ رسولؐ

میرا رہبر، رہنما، وہ ساقی کوثر مرا

حضور صلعم کی خدمت میں پیش ایک نظم کا آخری بند ملاحظہ فرمائیں:

پھر غریب امت کو / اپنے رب کی جانب سے / عزم و حوصلہ دے دو / مرتضیٰ کے شیروں کا

بطحا کے دلیروں کا / جوش و ولولہ دے دو / اس غریب امت پر / یہ کرم بھی ہو جائے

رحمت دو عالم پھر / آج یوں بھی ہو جائے / ہم سے کھو گئی عظمت / ایک بار مل جائے۔۔۔ ایک بار مل جائے

مرزا انصار اللہ بیگ کیفؔ:

مرزا انصار اللہ بیگ نام اور کیفؔ تخلص ہے۔ وطن کالی تعلقہ پوسد ہے۔ محکمہ آبپاشی میں ملازمت کی۔ مزدور یونینوں سے تعلق رہا۔ شاعری کا شوق طالب علمی کے زمانے سے تھا۔ مزدور یونین سے تعلق ہونے کی وجہ سے عوامی مسائل پر گہری نظر رہی جس کی چھاپ ان کی شاعری میں نظر آتی ہے۔ غزل کے شاعر ہیں۔ "عکس تنہائی" کے نام سے مجموعہ کلام شائع ہو چکا ہے۔ ایک نعت پاکؐ کا آخری بند ملاحظہ فرمائیں:

گو کیف دعا گو ہے یوں بن کے ایک عاصی

پر اس نے سبھی عمر غریبوں میں لٹا دی

ایمان ہے اپنا کہ شفاعت وہ کریں گے
جنت کے ہیں حقدار تو جنت میں رہیں گے
رحمت ہے جو ان کی شفاعت میں بسی ہے
سکھ نیند کھجوروں کی چٹائی میں چھپی ہے

عبد القدوس ناطقؔ مرحوم:

ایوت محل سے ۳۳ کلو میٹر کے فاصلہ پر ایک چھوٹی سی بستی نیر واقع ہے۔ کسی زمانے میں عبد القدوس ناطق کی وجہ سے اردو شاعری کی شمع روشن تھی۔ ناطق مرحوم نے داغ دہلوی کے شاگرد مہر گوالیاری کے آگے زانوئے ادب تہہ کیا تھا۔ ناطق صاحب زبان کے پارکھ تھے۔ زبان کے معاملہ میں کسی سے سمجھوتے کے قائل نہ تھے۔ معیاری رسائل میں ان کی تخلیقات شائع ہوتی تھیں۔ ایک نعت پاک کے چند اشعار پیش ہیں:

خدا جب نکھارے مدینے کی گلیاں
صبا کیا سنوارے مدینے کی گلیاں
جو رحمت کا دریا دیار نبیؐ ہے
تو ہیں اس کے دھارے مدینے کی گلیاں
جمال نبیؐ سے منور ہوئے ہیں
فلک، چاند، تارے مدینے کی گلیاں
سنواریں گی ناطق بروز قیامت
مقدر ہمارے مدینے کی گلیاں

سرفراز خان ندیمؔ:

سرفراز خاں کا وطن ارنی ہے۔ ندیم تخلص ہے۔ اردو کے علاوہ ہندی زبان میں بھی لکھتے ہیں۔ ضلع پریشد اردو ہائی اسکول پانڈھر کیوڑہ میں مدرس ہیں۔ شاعری کے علاوہ ڈرامہ نویسی میں بھی دلچسپی رکھتے ہیں۔ ایک نعت کے چند اشعار پیش ہیں:

آپ آئے تو زندگی آئی
ایک نئی سمت دور نے پائی
آپ نعمت ہیں دو جہاں کے لیے
کتنے احساں ہر کسی پہ کیے
آپ صبر و رضا کے پیکر ہیں
دور کے آخری پیمبر ہیں
عقل قاصر زباں میں تاب کہاں
خوبیاں ساری کیسے ہو گی بیاں

آخر میں اعتراف کرتا ہوں کہ باوجود کوششوں کے کئی اہم نام اور ان کا کلام زیر نظر مضمون میں نہ آسکا۔ وجوہات لکھنے بیٹھتا ہوں تو ایک مضمون اور تیار ہو جائے گا۔ انشاء اللہ آئندہ یہی کوشش ہو گی کہ ان کی خدمات بھی صفحہ قرطاس پر آجائے۔

(۲) عاصی ناگپوری اور صفات الانبیا

ڈاکٹر محمد شرف الدین ساحل

ماہنامہ قرطاس، ناگپور کے جولائی، اگست ۱۹۹۶ء کے شمارے میں جناب ڈاکٹر سید عبدالرحیم صاحب (سابق ڈائرکٹر وسنت راؤنائک انسٹی ٹیوٹ آف آرٹس اینڈ سوشل سائنسز، ناگپور) کا ایک تحقیقی مضمون بعنوان "عاصی ناگپور کی تصنیف صفات الانبیاء، ایک نایاب مخطوطہ" شائع ہوا ہے۔ انھیں یہ مخطوطہ درگاہ حضرت پیر محمد شاہ ٹرسٹ، احمد آباد کی قیمتی لائبریری سے لائبریری میں موجود مخطوطات کی وضاحتی فہرست کی ترتیب کے وقت ہاتھ آیا۔ اس کے مرتبین میں موصوف بھی شامل تھے۔

ناگپور کا ہونے کے ناطے ڈاکٹر صاحب نے ۴۹۶ صفحات پر مشتمل اس ضخیم مخطوطے سے دلچسپی لی۔ انھوں نے مجھ کو اس کی اطلاع دی۔ میری درخواست پر لائبریری سے اس کی زیراکس کاپی حاصل کی۔ زیراکس کاپی میرے حوالے کرنے سے پہلے اس کا مطالعہ کیا اور میری مطبوعہ کتاب ناگپور میں اردو کا ارتقائی سفر میں موجود ناگپور کے پہلے شاعر لالہ پیم چند کے ذکر سے تقابل کر کے یہ فیصلہ کیا:

"یہ مخطوطہ دراصل ناگپور کے ایک غیر معروف شاعر عاصی کی تصنیف ہے۔ ۱۲۱۲ھ (۱۷۹۸ء۔۱۷۹۷ء) میں عاصی ناگپوری نے صفات الانبیا کے عنوان سے قصص الانبیا (فارسی) کا اردو میں منظوم ترجمہ کیا تھا۔ سن تصنیف سے پتہ چلتا ہے کہ یہ منظوم ترجمہ ناگپور کی ادبی تاریخ میں سب سے قدیم ترجمہ ہے۔ اس کے دو سال بعد یعنی ۱۲۱۴ھ میں لالہ پیم چند نے شاہ نامہ کا اردو ترجمہ پیش کیا تھا، جسے ڈاکٹر شرف الدین ساحل نے

سب سے قدیم ترجمہ قرار دیا ہے۔"(ناگپور میں اردو کا ارتقائی سفر، ص:۱۹،۱۷)

اس طرح ڈاکٹر صاحب نے فاضلانہ تحقیق سے اپنے مضمون میں یہ بات ثابت کی ہے کہ ناگپور کا پہلا شاعر پیم چند نہیں عاصی ہے۔ یہیں سے ان کے تعارف میں یہ لکھا جانے لگا کہ موصوف نے ناگپور کے پہلے شاعر کی دریافت کی۔ میں بہت ہی احترام کے ساتھ اس تحقیق کے سلسلے میں کچھ عرض کرنا چاہتا ہوں۔

(۱) میں نے اپنی کتاب ناگپور میں اردو کا ارتقائی سفر میں پیم چند کو قطعی طور سے ناگپور کا پہلا شاعر قرار نہیں دیا ہے بلکہ بہت احتیاط سے یہ لکھا ہے:

"کافی تلاش کے بعد برہان شاہ کے دربار سے منسلک ایک شاعر لالہ پیم چند کے ترجمہ شاہ نامہ کے ایک قلمی نسخے کا پتہ چل سکا ہے اور یہی ہماری اب تک کی تحقیق کے نتیجے میں ناگپور کا پہلا شاعر قرار پاتا ہے۔"(ناگپور میں اردو کا ارتقائی سفر، ص:۱۵)

(۲)ڈاکٹر صاحب کے مضمون سے یہ بات ظاہر ہوتی ہے کہ عاصی نے صفات الانبیا کا سالِ تصنیف ۱۲۱۲ھ (۱۷۹۸ء -۱۷۹۷ء) کتاب میں موجود باب بعنوان "در بیان مرتب کتاب" میں اس طرح بتایا ہے:

جب صفات الانبیا کیا تمام
سن تھا بارہ سو پہ بارہ سال عام
جب مرتب میں کیا نامہ کمال
سن تھا بارا (سو کے اوپر بارا سال)

(۳)ڈاکٹر صاحب کے مضمون سے یہ بات بھی ظاہر ہوتی ہے کہ اس کتاب میں "در بیان شہر ناگپور" کے عنوان سے ایک علاحدہ باب ہے۔ اس میں عاصی نے مرہٹہ راجہ رگھوجی بھوسلہ ثانی (ف:۱۸۱۶ء) کے بعد راجہ بہرام شاہ (ف:۱۸۲۱ء) کی اس طرح

تعریف کی ہے:

شہر کے ظلّہ میں دیو گڑھ تخت گاہ

فلک درجہ راجۂ بہرام شاہ

راج میں اس کے رعیت پر امن

واں کی سب خلقت جوں مانندِ چمن

ان شعروں سے یہ بات ثابت ہوتی ہے کہ عاصی کی کتاب صفات الانبیا کا تعلق راجہ بہرام شاہ کے دور (۱۷۹۶ء-۱۸۲۱ء) سے ہے۔

(۴) ڈاکٹر صاحب کے مضمون سے یہ بات بھی معلوم ہوتی ہے کہ کتاب صفات الانبیا کے قلمی نسخے کا آخری صفحہ ناقص ہے۔ نیز مضمون میں کہیں ترقیمہ نہیں ملتا۔ شاید ترقیمہ مخطوطہ میں نہ ہو۔

(۵) اس مخطوطہ کے مقابلے میں پیم چند کے مخطوطہ کے آخر میں کتاب کا سال تصنیف اور نقلِ مخطوطہ کا سال واضح طور سے ملتا ہے۔ دیکھئے:

مجھے کچھ نہ لینا ہے کس کے کنیں

مگر نام باقی رہے دور میں

ہجر کی تھی بارہ سی اور سات سن

۱۲۰۷ھ

بنایا نئی داستاں تھی کہن

برس پانچ کر کے مشقت تمام

شہر ناگپور میں کیا اختتام

ان شعروں کے فوراً بعد ترقیمہ کی یہ عبارت ہے:

"کتاب ترجمہ شاہ نامہ تصنیف لالہ پیم چند کائست کاتب الحروف خود، بتاریخ نوزدہم ربیع الثانی ۱۲۱۴ھ زینت سطر یافت۔" (ناگپور میں اردو کا ارتقائی سفر، ص:۱۹)

ان تفصیلات سے یہ بات صاف معلوم ہوتی ہے کہ پیم چند نے ترجمہ شاہ نامہ کو راجہ برہان شاہ کے دور (۱۷۳۸ء-۱۷۹۶ء) میں ۱۲۰۷ھ (۹۲-۱۷۹۳ء) میں پانچ برس کی مشقت کے بعد مکمل کیا تھا۔ اس نے اس مخطوطہ کو ۱۹ ربیع الثانی ۱۲۱۴ھ (ستمبر ۱۷۹۹ء) کو نقل کر کے پورا کیا تھا۔

ڈاکٹر صاحب کو یہیں دھوکا ہوا ہے۔ انھوں نے نقل مخطوطہ کے سال کو بنیاد بنا کر فیصلہ کیا ہے۔ ان کی نظر سال تصنیف تک نہ پہنچ سکی۔ حالانکہ کتاب میں سال تصنیف وہیں موجود ہے۔

(۲) کتاب ترجمہ شاہ نامہ کے آغاز میں موجود راجہ برہان شاہ کے عنوان سے گونڈ راجاؤں کی عمومی اور برہان شاہ کی خصوصی مدح سے بھی اس سچائی کو تقویت پہنچی ہے کہ پیم چند نے ترجمہ کا کام راجہ برہان شاہ کی زندگی میں مکمل کیا تھا۔ اس سے یہ بات بھی واضح ہوتی ہے کہ اس کا برہان شاہ کے دربار سے تعلق تھا۔

جبکہ عاصی کی کتاب میں موجود راجہ بہرام شاہ کی مدح اس حقیقت کی تصدیق کرتی ہے کہ عاصی نے اس کام کو راجہ بہرام شاہ کے دور (۱۷۹۶ء-۱۸۲۱ء) میں ۱۷۹۷ء اور ۱۷۹۸ء کے مابین مکمل کیا تھا، اس لئے کہ بہرام شاہ اپنے باپ برہان شاہ کے انتقال (۱۷۹۶ء) کے بعد مسند نشین ہوا تھا۔

ان حقائق کی روشنی میں یہ بات برملا کہی جا سکتی ہے کہ پیم چند کا ترجمہ شاہ نامہ، راجہ برہان شاہ کے دور (۱۷۳۸ء-۱۷۹۶ء) سے تعلق رکھتا ہے۔ جبکہ عاصی کی صفات الانبیا اس کے بیٹے راجہ بہرام شاہ کے دور (۱۷۹۶ء-۱۸۲۱ء) سے تعلق رکھتی ہے۔ لہٰذا میں

پھر یہی کہوں گا کہ اب تک کی تحقیق کے نتیجے میں لالہ پیم چند ناگپور کا پہلا شاعر قرار پاتا ہے۔ عاصی ناگپوری کو پہلا شاعر قرار دینا بالکل غلط اور بے بنیاد ہے۔

میری کتاب ناگپور میں اردو کا ارتقائی سفر ۱۹۹۳ء میں شائع ہو کر منظر عام پر آئی۔ اس کے تین سال بعد ۱۹۹۶ء میں عاصی کی صفات الانبیا دستیاب ہوئی اس لیے یہ ناگپور کی ادبی تاریخ میں ایک قیمتی اضافہ ہے۔ جب ڈاکٹر سید عبد الرحیم صاحب نے مجھ کو اپنے مضمون کی اشاعت کے بعد اس کی زیراکس کاپی دی تو میں نے بھی اس کا گہرائی سے مطالعہ کیا۔ اس کی ابتدا حمد و نعت سے ہوئی ہے۔ اس کے بعد در بیان حضرت محمد مصطفی ﷺ کا عنوان ہے۔ اس کے تحت نبی کریم ﷺ کے حالات بیان کیے گئے ہیں۔ پھر علاحدہ علاحدہ عنوانات کے تحت حضرت ابو بکر صدیقؓ، حضرت عمر فاروقؓ، حضرت عثمان غنیؓ، حضرت علیؓ، حضرت امام حسنؓ، حضرت امام حسینؓ، حضرت امام زین العابدین، حضرت امام باقر، حضرت امام جعفر صادق، حضرت امام موسیٰ کاظم، حضرت امام علی موسیٰ رضا، حضرت امام تقی، حضرت امام نقی، حضرت امام عسکری، حضرت امام مہدی آخر الزماں اور حضرت پیر محی الدین (شیخ عبد القادر جیلانی) کے حالات قلمبند کیے گئے ہیں۔ اس سلسلے میں نام، کنیت، لقب، والدین کے نام، تاریخ و مقام پیدائش، تاریخ و مقام وفات اور اہل و عیال کو خصوصیت سے نمایاں کیا گیا ہے۔ حمد و نعت و مناقب کا یہ سلسلہ ص: ۲۰ پر تمام ہوتا ہے۔ اس کے فوراً بعد عنوان در بیان مرتب کتاب ہے۔ اس سے کتاب کے سلسلے میں مفید معلومات حاصل ہوتی ہیں۔ دیکھئے چند شعر:

حق تعالیٰ نے سراہا ہے جسے
صفت اس کرنے کی ہے طاقت کسے
بہت لکھ لکھ کر گئے ہیں عاقلاں

وہ موافق عقل کے اپنی بیاں

سب سوں کمتر ہے غریب عاصی فقیر

جن کیا تصنیف ای دفتر حقیر

چند روز اختیار میں گوشہ کیا

عاقبت کا اپنی میں توشہ کیا

جب مرتب میں کیا نامہ کمال

سن تھا بارا (سو کے اوپر بارا سال)

ان شعروں کے دونوں مصرعوں کے بیچ میں یہ شعر بھی ہے:

جب صفات الانبیا کیا تمام

سن تھا بارہ سو پہ بارہ سال عام

پھر دربیان شہر ناگپور کا عنوان ہے۔ اس کے تحت عاصی لکھتے ہیں:

ہے دکن میں ایک بستی بھاگپور

سو عجب نادر شہر ہے ناگپور

رگھوجی راجہ بہادر نام کا

ہے مہاراجہ مطیع اسلام کا

بہت خوبیوں سات وہ راجا ہے

فیض رس، داتار، پرکا جا ہے

جس طرف جاتا ہے وہ کر کر مہیم

کیا ہے طاقت سامنے ٹھہرے غنیم

شہر کے ظلّہ میں دیو گر تخت گاہ

فلک درجہ راجئہ بہرام شاہ

راج میں اس کے رعیت پُر امن

وہاں کی سب خلقت جوں مانند چمن

دیوگر کے ہے درختوں پر بہار

ناگپور کے نیک بختوں پر بہار

ہے اسی ظلّہ کا یہ عاصی حقیر

گھر ہے سارا ناگپور کا ہے فقیر

جو یکایک آگیا دل میں خیال

شوق نے میرے کیا دل میں ابال

جو قصص الانبیا ہے فارسی

اس کو ہندی میں کروں جوں آرسی

سن محباں سب کریں حاصل ثواب

گر ہووے ہندی زباں میں یہ کتاب

نام رکھا ہے صفات الانبیا

کھول کر تصنیف دکھنی میں کیا

جو بنی جس شہر میں اترا کہی

وہاں کی بولی میں ہوئی نازل وحی

فارسی، عربی، عجائب بولیاں

نظم کر ہندی میں اس کو کھولیاں

ہے فقیر عاصی رئیس ناگپور

ذات قالیں باف، ہر فن کا ضرور

عاصی نے اس باب میں پہلے ناگپور کے دو راجاؤں: راجہ رگھوجی بہادر اور راجہ بہرام شاہ کی تعریف کی ہے۔ ان میں ایک کام کا راجہ تھا اور ایک نام کا۔ ہوا یہ کہ ناگپور شہر کی بنیاد حکومت دیوگڑھ کے ایک نو مسلم گونڈ راجہ بخت بلند شاہ نے اٹھارویں صدی عیسوی کے آغاز میں ڈالی تھی اور اپنا پائے تخت دیوگڑھ سے ناگپور لے آیا تھا۔ دیوگڑھ، چھندواڑہ (ایم پی) سے انچالیس کلومیٹر دور واقع ہے۔ اکبر اعظم کے دور میں اس علاقے کے ایک طاقتور زمیندار جاٹبا نے یہاں اپنی حکومت قائم کی جو نربدا ندی سے وین گنگا اور وردھا ندی تک پھیل گئی تھی۔ اس میں ناگپور کا علاقہ بھی شامل تھا۔ بخت بلند شاہ، راجہ جاٹبا شاہ کا پوتا اور اورنگ زیب کا معاصر تھا۔ اس کی وفات (۱۷۰۹ء) کے بعد اس کا بیٹا چاند سلطان تخت نشین ہوا۔ اس نے ۱۷۳۵ء میں رحلت فرمائی۔ چاند سلطان کی رحلت کے بعد اس کے خاندان میں تخت نشینی کے لیے جو کشمکش ہوئی اس کا فائدہ ایک مرہٹہ سردار رگھوجی بھوسلہ (اول) کو ملا اور وہ راجہ بن گیا۔ اس نے راجہ چاند سلطان کے بیٹے برہان شاہ کو راجہ کا درجہ دے کر اپنے محل سے متصل واقع اس قلعہ میں رکھا جو راجہ جاٹبا کا بنوایا ہوا تھا۔ وہ اس کے اخراجات کے لیے تین لاکھ روپئے سالانہ پنشن دیتا رہا۔ یوں ناگپور دو راجاؤں کا مسکن رہا۔ رگھوجی اول کے انتقال کے بعد جانوجی، مادھوجی اور رگھوجی بھوسلہ ثانی یکے بعد دیگرے راجہ ہوئے۔ راجہ برہان شاہ کی وفات کے بعد راجہ بہرام شاہ مسند نشین ہوا۔ یوں عاصی کو رگھوجی بھوسلہ ثانی اور راجہ بہرام شاہ کا زمانہ ملا۔ اس باب میں شامل اشعار سے یہ بات واضح ہوتی ہے کہ عاصی نے فارسی کتاب قصص الانبیا کا دکھنی / ہندی میں ترجمہ کیا ہے۔ عاصی کا شمار رئیسوں میں تھا۔ وہ ذات کا بنکر تھا اور اسے قالین سازی میں مہارت حاصل تھی۔ یہ علم بھی ہوتا ہے کہ شہر کے ظلّہ (سائبان) میں (یعنی قلعہ میں

جہاں دیو گر (دیو گڑھ) کے تخت پر راجہ بہرام شاہ بیٹھا ہوا تھا) اس کا رہائشی مکان تھا۔ گویا راجہ بہرام شاہ کے دربار سے اس کا تعلق تھا۔

اس باب کے بعد ص: ۲۲ سے اصل کتاب شروع ہوتی ہے۔ اس کا آغاز نور مخفی (نور محمدیؐ) سے ہوتا ہے۔ بعد ازاں تخلیق کائنات، تخلیق آدمؑ، خلقت حوا اور دونوں کا جنت سے زمین پر آنے تک کا بیان ہے۔ پھر حضرت شیثؑ، حضرت ادریسؑ، حضرت نوحؑ، حضرت ہودؑ، حضرت صالحؑ، حضرت ابراہیمؑ، حضرت لوطؑ، حضرت اسمٰعیلؑ، حضرت اسحٰقؑ، حضرت شعیبؑ، حضرت موسیٰؑ، حضرت ہارونؑ، حضرت یوشعؑ، حضرت طالوتؑ، حضرت داوٗدؑ، حضرت سلیمانؑ، حضرت زکریاؑ، حضرت یحییٰؑ، حضرت مریمؑ، حضرت عیسیٰؑ کے حالات اور ان کے عہد کے اہم واقعات تفصیل سے ملتے ہیں۔ حضرت عیسیٰؑ کے بعد حضرت خضرؑ و الیاسؑ، حضرت شمعونؑ، حضرت یونسؑ، حضرت لقمانؑ، حضرت جرجیس پر اجمالی روشنی ڈالی گئی ہے۔ آخر میں باب قصہ از آدم تا آخر الزماںؐ بہت ہی مختصر ہے۔ بعد ازاں قصہ اصحاب کہف ہے جو نامکمل ہے اور اسی پر مخطوطہ تمام ہوا ہے۔ یوں یہ ناقص الآخر ہے۔ اس کے ابتدائی چھ اوراق بھی جگہ جگہ سے پھٹ چکے ہیں اس لیے اکثر اشعار ناقص ہو گئے ہیں۔ کتاب کے بعض اوراق بھی بے ترتیب ہیں جس کی وجہ سے کافی پریشانی ہوتی ہے۔

جیسا کہ بیان کیا جا چکا ہے کہ عاصی نے قصص الانبیا کا منظوم ترجمہ دکھنی / ہندی میں کیا ہے۔ اس کا نمونہ دیکھئے۔ حضرت عیسیٰؑ کی پیدائش کا بیان ہے:

اوس وقت پیدا ہوئے عیسیٰ نبی
روشنی دو جگ منے ہو گئی سبی
نور سے جنگل سبی روشن ہوا

سب وہ خارستان کا گلشن ہوا
جہار خرمے کا ہوا سو کا ہرا
سب نکل شاخاں کھجوروں سوں بھرا
ناگہانی فیض ربانی ہوا
اوس جگا اوپر رواں پانی ہوا
کر کے بسم اللہ نہلایا اوسے
پیرہن اور تاج پہنایا اوسے
کر کے اوس اوپر شفقت پیار زود
گود میں لے کر پلایا اوس کو دود
بول اوٹھے عیسیٰ وحی لایا ہوں میں
حق کا اب بھیجا ہوا آیا ہوں میں
اپنے دل میں ہور رہو تم شاد اب
میں تمے دیوں مبارکباد اب
سن کے وہ بی بی بہت خوشنود ہو
جب اوٹھی دل میں خوشحالی زود ہو
جب ندا آیا نہ ہو دلگیر اب
دیکھ لے تلّے بھرا ہے نیر اب
عرش و کرسی میں رہے ہو شاد سب
تجھ کو دیتے ہیں مبارکباد سب
کر ایشارہ اپنے بیٹے کو بتا

کھار طب آنکھوں کو اپنے دی ضیا
کھا کے خرما بہت بی بی نے سرائی
بر میں اپنے لیکے بالک کو کھلائی
لیکے لڑکا اپنے گھر کو آئی جب
لوگ یوں کرنے لگے بد گوئی سب
کام اے بی بی کری تونے برا
نہیں ہے گن یہ نیک بختی کا ذرا
نہیں تھا تیرا باپ بدکاری منے
اور نہ تھی ماں تیری بدکاری منے
تو بدی کرنی نہیں شرمائی اب
کس کا لڑکا لے بغل میں آئی اب
بی بی مریم بات اون لوگوں کی پائی
جب اشارہ کر وہ بیٹے کو بتائی
لوگ تب بولے وہ لب کیوں کھولے گا
کیوں وہ فی المھدِ صبیا بولے گا
بات اتنی سن کے روح اللہ کہے
میں تو بندہ ہوں نبی اللہ کہے
دی نبوت وحی بھیجا ہے مجے
پند حق مادمت حیّا ہے مجے

عاصی اور اس کی تصنیف صفات الانبیا ناگپور کی ادبی تاریخ میں ایک اہم اضافہ ہے۔ یہ اضافہ ڈاکٹر سید عبدالرحیم صاحب نے کیا ہے۔ موصوف اب اس دنیا میں نہیں رہے۔ بہت مخلص اور نیک صفت انسان تھے۔ مجھ سے دلی محبت رکھتے تھے۔ دعا ہے کہ اللہ تعالیٰ انھیں غریق رحمت کرے۔

(۳) عطا عابدی کی غزلیات کا مجموعہ "بیاض": ایک جائزہ

محمد بدیع الزماں

اردو شعر و شاعری میں عطا عابدی ایک جانا پہچانا نام ہے۔ ان کی شعری تخلیقات ملک کے بہت سارے رسالوں میں تسلسل کے ساتھ شائع ہوتے ہیں۔ ان کی کئی کتابیں منظر عام پر آکر شرف قبولیت حاصل کر چکی ہیں جیسے ۱۹۸۷ء میں "آئینہ عقیدت" (حمد و نعت) اور "عکس اشک" ۱۹۹۶ء میں "فصل آگہی" ۲۰۰۲ء میں "عکس عقیدت" اور "تشکیل و تعبیر"۔

ابھی میرے پیش نظر عطا عابدی کی غزلیات کا مجموعہ "بیاض" ہے جو ۲۰۰۳ء میں شائع ہوا اور جس پر ایک تبصراتی جائزہ موضوع گفتگو ہے۔ اس مجموعہ میں عطا عابدی نے غزل کی تمام تر جمالیاتی خصوصیات اپنائے ہوئے روایت کی توسیع میں اہم کردار ادا کیا ہے۔ مگر وہ روایت کے اسیر نہیں۔ انھوں نے اپنے ذہن کے دروازے کھلے رکھے ہیں اور تازہ ہواؤں سے بھی لطف اندوز ہوئے ہیں۔ ان میں زمانہ کا ساتھ دینے کی بھی صلاحیت بدرجۂ اتم پائی جاتی ہے۔ ان کی غزلوں میں جذبہ کی صداقت، اظہار میں خلوص، بیان میں سلاست و روانی اور پاکیزگی فکر و خیال نمایاں ہے۔ عطا عابدی، بڑی سادگی کے ساتھ، معمولی معمولی باتوں کو شعری پیکر عطا کرنے پر قادر نظر آتے ہیں۔ عطا عابدی ایک بالغ النظر شاعر ہیں۔ صالح روایات کا پاس رکھتے ہوئے انھوں نے اپنے کلام میں جدید حسیت اور عصری آگہی کو بھی بڑی خوبصورتی سے جگہ دی ہے۔

عطا عابدی کی غزلیں سوز و گداز سے بھی خالی نہیں، ذرا فکر خیال کا یہ امتزاج ملاحظہ ہو:

اسی کو دیکھ رہا ہوں کہ آئینہ ہے وہ
وہ ایک چہرہ کہ جس کو نظر ترستی ہے

موت کے فرشتے کو کیوں نہیں کہا لبیک
زندگی خوشی سے آج اپنے ساتھ سوئی بھی

ہے زیست نام تغیر کا یہ سنا تو ہے
وہی ہو تم بھی، وہی غم بھی اور وہی ہم بھی

یادوں کے آئینے میں تصویر ہے قضا کی
میرے ندیم کیسی تقدیر ہے وفا کی

عطا عابدی ایک درد مند دل بھی رکھتے ہیں۔ یہ اشعار دیکھئے:

سسکیوں سے بھری ہوئی ہے فضا
آہ! بیچارے زخموں کا درد

دوا لینے کو نکلا اور اجل کا بن گیا لقمہ
مریضہ ماں سمجھتی ہے کہ لال آنے ہی والا ہے

عطا عابدی کی چھوٹی بحروں میں کہی گئی غزلیں بھی اتنا ہی متاثر کرتی ہیں جتنی طویل بحر کے اشعار۔ چھوٹی بحروں کے چند اشعار پیش ہے جن کی معنویت دیکھئے۔ پہلے یہ شعر دیکھئے کسی کا بہت مشہور مصرعہ ہے:

لمحوں نے خطا کی تھی، صدیوں نے سزا پائی

اب عطا عابدی کو چھوٹی بحر کے اس شعر میں دیکھئے جس میں وہ پہلے مصرعہ میں متذکرہ بالا مصرعہ لاتے ہیں اور دوسرے میں وقت کا مرتبہ ذہن نشیں کراتے ہیں:

ایک لمحہ گیا اور صدی چھن گئی
وقت کا مرتبہ ہم سے پوچھا کرو

چھوٹی بحروں کے اور اشعار دیکھئے:

سخت مشکل ہے ظہور ذات بھی
ہر ادا کو خود نمائی مت کہو

رائی کو پربت کہو، چل جائے گا
ہاں، مگر پربت کو رائی مت کہو

راہیں ہیں گم، منزل عنقا
ہر جا اک رہبر بیٹھا ہے

ساحل کے کھاتا ہوں فریب
بیچ سمندر تنکا ہوں

عطا عابدی کی زندگی میں اپنے آٹھ سالہ بچے کو بلا وجہ قتل کر دیئے جانے جیسے نامساعد حالات بھی گزرے ہیں۔ انھوں نے امیدوں اور تمناؤں کو ٹوٹتے اور بکھرتے دیکھا ہے۔ یہی سبب ہے کہ ان کے اس شعری مجموعہ کا مطالعہ کرتے وقت غم کا پہلو زیادہ تر غزلوں میں نمایاں نظر آتا ہے۔ گویا غم و یاس اور نا امیدی کی پرچھائیاں ان کی حیات اور ان کے کلام پر محیط ہیں۔ اس مجموعہ سے غم کی مختلف کیفیات کے اظہار پر یہ اشعار پیش کئے جاسکتے ہیں:

زخم آواز دے تو تم ایسا کرو
خود کو تنہا کرو، ہم سے رشتا کرو
وسعت ہے سمندر سی عطا گو کہ غزل میں
اس کوزے میں ہر غم تو سمونے کا نہیں ہے
میرے لہجے سے جس کو ہے شکوہ عطاؔ
ہنس کے میری طرح زہر غم تو پیئے
ہے میرے عہد ماضی کا الم انگیز ہر منظر
وہاں جب بھی گیا تو آنکھ میں اشکوں کو لے آیا

مگر باوجود ان مساعد حالات کے عطا عابدی فانی بدایونی کی طرح غم سے مغلوب ہو کر سپر نہیں ڈال دیتے بلکہ زندہ رہنے کا حوصلہ اور مستقل جستجو کا عمل بھی ان کے کلام میں خاصہ توانا ہے۔ اقبال کے مجموعہ کلام "بانگ درا" کی نظم "فلسفہ غم" کے ان اشعار کی گونج عطا عابدی کے درج ذیل اشعار میں سنئے کہ وہ کس طرح خزاں رسیدہ چمن میں بہار کے گوشے تلاش کرتے ہیں۔ اقبال کے اشعار یہ ہیں:

موج غم پر رقص کرتا ہے حباب زندگی
ہے الم کا سورہ بھی جزو کتاب زندگی
حادثات غم سے ہے انساں کی فطرت کو کمال
غازہ ہے آئینہ دل کے لئے گرد ملال

اب اقبال کے اشعار کی گونج عطا عابدی کے ان اشعار میں سنئے:

زندگی کو معجزہ کہنا پڑا
ایک دل اور لاکھوں صدموں کا ہجوم

میں اشکوں سے ہی لیکن زندگی کے شعر لکھتا ہوں
جو کوئی دوسرا ہوتا تو اپنا مرثیہ لکھتا

بے زبانوں سے کہو درد سے رنجیدہ نہ ہو
درد تو روشنی حرف و نوا دیتا ہے

میں خود کو بھول بیٹھا ہوں تو اس میں کیا تعجب ہے
محبت کرتا ہوں یاروں کی نگرانی کے عالم میں

بہت ہمت شکن ہے دوریِ منزل مگر اے دل
مجھے پیہم مرا ذوق سفر آواز دیتا ہے

عطا عابدی بہت صاف ستھری، سادہ اور سلیس زبان استعمال کرتے ہیں چونکہ ان کے کلام میں روز مرہ بہت زیادہ ہے اور اسی روز مرہ کے ذریعے وہ اپنے اشعار کو سلاست، روانی اور شگفتگی بخشتے ہیں۔ یہ سلاست اور روانی میں ایسے ایسے اشعار کہہ جاتے ہیں جن کے قالب میں معانی کا ایک سمندر رواں ہوتا ہے۔

عطا عابدی کے کلام میں محاوروں سے ترتیب دئے گئے اشعار ہر غزل میں قریب قریب ملتے ہیں اور چونکہ محاورے کو بلند سے بلند تر کر دیتے ہیں اسی لئے اس کی برجستگی پر عطا عابدی قادر ہیں۔ یہ اشعار دیکھئے:

مر چکا ہو پانی جس کی آنکھ کا
بھائی بھی ہو وہ تو بھائی مت کہو

وہ پانی پانی ہو کر بھی ہے پتھر کی طرح ساکت
کہ آئینہ ہمیں پاتا ہے عریانی کے عالم میں

اب اجالوں میں بھی کرنا دوستوں سے احتیاط

تیرگی میں سایہ بھی دامن بچا لے جائے گا

بے خطر کود پڑا اس لئے میں دریا میں

تا کہ دل میں جو ہے بیٹھا ہوا وہ ڈر نکلے

لہو پینے کا ہے انجام شاید

کہ اشک آنکھوں میں اب رہتا نہیں ہے

عطا اچھا ہوا اپنوں نے آنکھیں پھیر لیں ورنہ

لئے زخموں کو پڑھتا، ہر قدم اک حادثہ لکھتا

عطا عابدی کا مطالعہ بہت وسیع ہے۔ انھوں نے کئی مستند شعرا کے اشعار کو اپنے طور پر باندھا ہے مگر موضوع کی معنویت میں کوئی فرق نہیں آنے دیا۔ "اختر شماری" پر غالب کا ایک مشہور شعر ہے:

کس طرح کاٹے کوئی شبہائے تار برشگال

ہے نظر خو کردۂ اختر شماری ہائے ہائے

اب "اختر شماری" پر انہی معنوں میں عطا عابدی کا یہ شعر دیکھئے:

سوچتے تھے جدائی میں تیری صنم، شب گزاریں گے اختر شماری میں ہم

شام آئی تو بادل گھر آئے بہت، رات بھر چاند تاروں نے رسوا کیا

اکبر الہ آبادی کا ایک شعر ہے:

رقیبوں نے رپٹ لکھوائی ہے جا جا کے تھانے میں

کہ اکبر نام لیتا ہے خدا کا اس زمانے میں

اب اس شعر پر عطا عابدی کو سنئے، الفاظ اکبر کے ہیں مگر بیان عطا عابدی کا:

رقیب اکبر کے پھر تھانے گئے ہیں

عطا کیوں نام لیتا ہے خدا کا

اقبال کے مجموعہ کلام "بال جبرئیل" میں نظم "خودی" اور نظم "جاوید کے نام" میں یہ اشعار ہیں:

خودی کو نہ دے سیم وزر کے عوض
نہیں شعلہ دیتے شرر کے عوض
(خودی)

مرا طریق امیری نہیں فقیری ہے
خودی نہ بیچ، غریبی میں نام پیدا کر
(جاوید کے نام)

اب عطا عابدی کا شعر سنئے:

خودی کو بیچئے اور خوش جہان میں رہئے
وگرنہ میری طرح امتحان میں رہئے

پچھلے پندرہ بیس برسوں سے ملک کے فرقہ وارانہ فسادات ہر شاعر کا موضوع رہے ہیں۔ عطا عابدی کے کلام میں بھی اس کی یاد تازہ کی گئی ہے:

وقت پھر دینے لگا خونیں مناظر شہر کو
لگتا ہے ذہنوں سے یاد کربلا لے جائے گا

خدا کے فضل سے ہے سر سلامت
وگرنہ شہر خنجر ہو چکا ہے

عطا عابدی بہت کھلی نظر رکھتے ہیں اور اپنے عہد کے رہنماؤں کو اس طرح نشانہ بناتے ہیں:

خادم کہلاتے ہیں لیکن خدمت سے ناواقف ہیں
جاگتی آنکھوں کا دنیا میں خواب تماشا خواب ہوا
ہر باغ میں اخلاص و وفا کے یہ پرندے
جس ڈال پہ بھی بیٹھ گئے، پھولے پھلے ہیں
اپنا بھی دعویٰ خدمت انساں کا ہے یہاں
حالانکہ دل میں جذبہ ایثار کچھ نہیں
حکومتوں کی ساحری
حکومتوں کا حق ہوا
ہے عطا آج ہر اک شخص غرض کا بندہ
وہ جو اخلاص کا پیکر سا بنا ہے وہ بھی

عطا عابدی کی نظر اپنی ملت پر بھی ہے۔ ان کی فکر کا ایک پہلو یہ بھی ہے:

میں شاعر ہوں مرے افکار ہیں ملت کا سرمایہ
قلم کو قوم کی آواز کا مظہر بناتا ہوں

ہر شاعر نے "زندگی" کی تعبیر اپنے اپنے طرز فکر کے مطابق کی ہے۔ مگر عطا عابدی "زندگی" کو "چین کی دیوار" سے مماثلت دے کر زندگانی کی مشکلات اور تلخیوں کی طرف کس خوبصورتی سے اشارہ کرتے ہیں:

زندگی چین کی دیوار ہے میری دوست
ایسی دیوار میں ہوتا نہیں در، مت آنا

عطا عابدی بہت نیک سیرت اور شریف النفس انسان ہیں۔ اخلاقیات کا درس سنئے:

خار آنکھوں میں اپنی چبھے تو چبھے

باغباں کے لئے پھول پیدا کرو

زمانے میں ہوا اخلاص عنقا

رواداری کہانی ہو گئی ہے

ہر اک نا اہل سے اخلاص کی باتیں، اے توبہ

عطا کیوں سامنے اندھوں کے آئینوں کو لے آیا

"منافقت" پر عطا عابدی کا یہ شعر دیکھئے جس کا اطلاق ہمارے بیچ بہت مسلمانوں پر ہوتا ہے:

تماشہ ہے کہ سب مومن سمجھتے ہیں مجھے، لیکن

کچھ اصنام ایسے بھی ہیں جن کو اب تک پوجتا ہوں میں

"دیر و حرم" کے جھگڑے ہر زمانے میں رہے ہیں اور ہر شاعر نے آپسی ہم آہنگی کا درس دیا ہے۔ عطا عابدی نے اس جھگڑے کا نیا راستہ ڈھونڈ نکالا ہے:

شیخ و برہمن سے یہ کہہ دو اب وہ دوئی سے باز آئیں

ہم نے دیکھا ہے کہ اک رستہ دیر و حرم سے آگے بھی

اوائل زندگی میں عطا عابدی کافی عرصہ تک شہر دہلی میں صحافت سے جڑے رہے مگر باوجود اس کے ان کی وضعداری اور اس کا پاس دیکھئے جو آج بھی قائم ہے:

شہر دلی آئینہ خانہ ہے لیکن اے عطاؔ

جال تو خوش فہمیوں کا آپ کو بننا نہ تھا

ٹی وی اور وی سی آر وغیرہ نے بچوں میں کتنی بد اخلاقی پھیلا دی ہے یہ ہر گھر میں ہر شخص محسوس کرتا ہے۔ عطا عابدی ان چیزوں کو "لعنت" سے تعبیر کرتے ہوئے کہتے ہیں

:

ٹی وی، وی سی آر کی لعنت نے یوں جکڑا بچوں کو
رات گئے تک دادی ماں کا شاہی قصا خواب ہوا

انگریزی کا ایک مشہور مقولہ ہے "All that glitters is not gold" (ہر چمکتی ہوئی چیز سونا نہیں ہوتی) میں نے آج تک اس مقولہ کی منظوم ترجمانی اردو میں نہیں سنی تھی۔ عطا عابدی سے سن لیجئے:

سونا پھر بھی سونا ہے، رکھو گے جہاں بھی چمکے گا
ساری چمکتی شئے کو لیکن یارو سونا مت کہنا

عطا عابدی کے یہاں موضوعات کی کمی نہیں۔ اب آخر میں چند اشعار مختلف موضوعات پر بلا تبصرہ پیش ہیں:

پڑا جو وقت تو سایہ بھی ساتھ دے نہ سکا
وہ میرا اپنا ہے، اب یہ بھرم بھی ٹوٹ گیا

ورق ورق تاریخ ضخامت پاتی ہے
لمحہ لمحہ صدیاں کھوتی رہتی ہیں

وہ تو یہ کہئے غم دوراں نے رکھ لی آبرو
ورنہ دل کی بات تھی کچھ کھیل بچوں کا نہ تھا

عطا عابدی اپنی شعر گوئی کے متعلق کہتے ہیں:

شاعری میری وہ شاعری ہے جہاں
پاؤ گے زندگی کے کئی زاویے
شام غم، تنہائی، صدیوں کا ہجوم
شعر اندر شعر، جلووں کا ہجوم

مجموعی طور پر عطا عابدی کی اس "بیاض" سے اندازہ ہوتا ہے کہ موصوف نے شاعری برائے شاعری کی ہے بلکہ اپنے تجربات اور مشاہدات کو شعر کا پیکر عطا کیا ہے۔ یہ "بیاض" علم و آگہی کا "بیاض" ہے۔

(۴) منور رانا کا ہمہ جہت تخلیقی سفر

ڈاکٹر محبوب راہی

طنز منور رانا کی شخصیت کا جزو لاینفک ہے، اس لیے ان پر پھبتا بھی خوب ہے۔ ان کی بلند قامتی، فربہی، پاٹ دار آواز، بلند آہنگ، گونج دار کھنکھناتا ہوا لہجہ۔ ان تمام عناصر کی متوازن اور دل کش آمیزش سے تشکیل پانے والی ان کی شخصیت اپنے اندر کچھ ایسی جاذبیت اور دل کشی رکھتی ہے کہ جو ایک باران سے مل لیتا ہے، ہمیشہ کے لیے ان کا گرویدہ ہو کر رہ جاتا ہے۔ ناظم مشاعرہ اور شاعر دونوں حیثیتوں سے ان کی مقبولیت کا گراف سب سے اوپر ہے۔ ان جیسی بین الا قوامی شہرت اور ہر دل عزیزی آج تک کسی کے حصے میں نہیں آئی۔

نئے لب و لہجے، جدید رنگ و آہنگ، نئے موضوعات، تازہ بہ تازہ مضامین میں شعر گوئی سے مراد یہ ہر گز نہیں کہ منور رانا نے غزل کی روایت سے مکمل انقطاع کی روش شعوری طور پر اختیار کی ہو۔ انھوں نے غزل کی دیرینہ روایت جس کی بنیادی شناخت حسن و عشق کے معاملات اور دل و نگاہ کی کیفیات اور جذبات و احساسات کی ترجمانی ہے، لغت میں جس کے معنی عورتوں سے باتیں یا عورتوں کی باتیں کہا گیا ہے اور اقبال جیسے فلسفی شاعر نے "وجود زن سے ہے تصویر کائنات میں رنگ" کہہ کر اس وجودی اہمیت کا اعتراف کیا ہے، منور رانا کی تصویر شاعری میں یہ رنگ بھی خاصا گہرا، شوخ اور حقیقت لیے ہوئے ہے۔ ان کی غزل میں دیگر کئی رنگا رنگیوں کے ساتھ غزل کی یہ روایت بھی

اپنی تمام تر دل آویزیوں کے ساتھ جھلکتی ہے بس یہ ہے کہ طرز اظہار اور انداز بیان کچھ نیا پن لیے ہوئے ہے۔ اشاروں، کنایوں کی بجائے یہاں بھی ان کے لہجے میں بے تکلفی، سادگی، شوخی اور بے باکی نمایاں ہے۔ میرے خیال میں اسے غزلیہ روایت کی توسیع سے موسوم کیا جانا چاہیۓ۔ چند اشعار ملاحظہ کیجئے:

نقاب الٹے ہوئے جب بھی چمن سے وہ گزرتا ہے
سمجھ کر پھول اس کے لب پہ تتلی بیٹھ جاتی ہے

مری توبہ کھڑی رہتی ہے سہمی لڑکیوں جیسی
بھرم تقوے کا اس کی ایک انگڑائی میں کھلتا ہے

عشق میں رائے بزرگوں سے نہیں لی جاتی
آگ بجھتے ہوئے چولہوں سے نہیں لی جاتی

اسی نے بچھڑتے وقت کہا تھا کہ بس کے دیکھ
آنکھیں تمام عمر کو ویران ہو گئیں

تمام جسم کو آنکھیں بنا کے راہ تکو
تمام کھیل محبت میں انتظار کا ہے

چمن میں صبح کا منظر بڑا دلچسپ ہوتا ہے
کلی جب سو کے اٹھتی ہے تو تتلی مسکراتی ہے

ترے دامن نے سارے شہر کو سیلاب سے روکا
نہیں تو میرے یہ آنسو سمندر ہو گئے ہوتے

چھپتا نہیں ہے چاند بھی بادل میں رات بھر
دیدار سے نوازیئے پردہ بہت ہوا

کھلیں گے پھول ابھی اور بھی جوانی کے
ابھی تو ایک مہاسہ دکھائی دیتا ہے

وہ میرے ہونٹوں پہ رکھتا ہے پھول سی آنکھیں
خبر اڑاؤ کہ رانا شراب پیتا ہے

میری محبتوں کا عبادت میں کر شمار
تنہا ملی تو تیری سہیلی بری لگی

بہایا کیجئے دو چار آنسو بھی محبت میں
عبادت بے وضو مت کیجئے اچھا نہیں لگتا

کسی بچے کی طرح پھوٹ کے روئی تھی بہت
اجنبی ہاتھ میں وہ اپنی کلائی دیتے

دل کے تاروں کو چھیڑنے اور ذہن و احساس کو متحرک کرنے والے ان اشعار پر اپنی طرف سے غیر ضروری تشریح یا تفہیم نہ کرتے ہوئے محض اتنا عرض کرنا چاہوں گا کہ اردو کی کلاسیکی غزل کے سرمایے میں منور رانا کے یہ اشعار اپنی تازگی، ندرت، نزاکت اور انداز بیان کی لطافت کی بنا پر ایک بیش بہا اضافہ ہیں کہ ان کی رگوں میں محض تخیل آفرینی اور رنگینی بیان نہیں، ان کے اپنے احساس کی شدت اور جذبوں کی صداقت لہو بن کر دوڑ رہی ہے۔ صداقت جو منور رانا کی شاعری کا جزو لازم ہے، مشاعروں کے تعلق سے ان کے ذاتی تجربات کی روشنی میں ان کے کئی اشعار میں بڑا مزہ دیتی ہے۔ مثال کے لیے صرف دو شعر:

وہ جن کو آبروئے غزل تک کہا گیا
وہ بھی غزل پرانی سنا کر چلے گئے

لہو میں رنگ کے چھینٹے ملائے جاتے ہیں
مشاعروں میں لطیفے سنائے جاتے ہیں

لہجے کی انفرادیت اور رنگ و آہنگ کی جدت و ندرت سے قطع نظر نظم، غزل کے تعلق سے منور رانا کی رائے ہے کہ:

غزل تو پھول سے بچے کی میٹھی مسکراہٹ ہے
غزل کے ساتھ اتنی رستمی اچھی نہیں لگتی

تتلی، پھول، پرندے، موسم، چہرہ، آنکھیں، نیلی جھیل
ایسے موسم مل جائیں تو اب بھی غزل کہہ سکتا ہوں

اظہار عشق غیر ضروری تھا، آپ نے
تشریح کر کے شعر کو کمزور کر دیا

غزل کہتے ہوئے منور رانا خود کن امور کا التزام روا رکھتے ہیں، تخلیق شعر کے دوران خود ان کے تجربات کیا ہیں، خود انہی سے سنئے:

ستارے، چاند، کلیاں، پھول، پھلواری نہیں لاتے
غزل میں ہم کبھی بھرتی کی گلکاری نہیں لاتے

میں نے لفظوں کے برتنے میں لہو تھوک دیا
آپ تو صرف یہ دیکھیں گے غزل کیسی ہے

مری تحریر بھی میری طرح منہ پھٹ ہیں اے رانا
خدا کا شکر ہے شمشیر کو خامہ نہیں لکھا

سرقے کا کوئی داغ جبیں پر نہیں رکھتا
میں پاؤں بھی غیروں کی زمیں پر نہیں رکھتا

خود سے چل کر نہیں یہ طرز سخن آیا ہے
پاؤں دابے ہیں بزرگوں کے تو فن آیا ہے

اور نوبت بہ ایں جا رسید کہ:
بڑے بڑوں کو بگاڑا ہے ہم نے اے راناؔ
ہمارے لہجے میں استاد شعر کہنے لگے

اپنی غزل گوئی کے بارے میں خود انھوں نے ایک جگہ لکھا ہے:
"مجھے معلوم نہیں روایتی شاعری، ترقی پسند ادب، جدیدیت اور مابعد جدیدیت کسے کہتے ہیں۔ میں تو آپ بیتی کو جگ بیتی اور جگ بیتی کو آپ بیتی کے لباس سے آراستہ کر کے غزل بناتا ہوں۔" (عمر بھر دھوپ میں پیڑ جلتا رہا)

منور رانا کی غزل کو انفرادیت، ندرت اور پہلو داری عطا کرنے میں ان لفظیات کی نمایاں کارفرمائی ہے جن کا داخلہ مملکت غزل میں بالعموم ممنوع قرار دیا گیا تھا۔ ایسے کئی الفاظ اور محاورات کو جنہیں غیر شاعرانہ کہہ کر شعر بدر کیا جاتا رہا ہے، منور رانا نے انھیں نئی نئی معنویت عطا کر کے شعر کی کلید بنا دیا ہے۔ مثلاً بیٹی بیٹھ جانا، مکھی بیٹھ جانا، ہڈی بیٹھ جانا، چھاتی بیٹھ جانا، آنچ کا دستانے تک آنا، پہن اوڑھ کر نکلنا، جنگجوؤں کو طلح دار کرنا،

پوسٹر، سیل، سنسد، کرفیو، موسی، باسی کھانا، مفلر، کلنڈر، فون، نینی تال، بنگال، بھاگلپور، دلی، ممبئی، کلکتہ، یونین، بنسواک، جودھابائی، رادھا، ریکھا، اپیل، وکیل، اصطبل، چیچک، مہاسے، وردان، مارکس وادی، زانی وغیرہ۔

منور رانا کی عوامی مقبولیت شاعری اور مشاعروں کی رہین منت ہے۔ جہاں تک ان کی نثر نگاری کا معاملہ ہے، حق تو یہ ہے کہ کسی رسالے میں ان کے اکا دکا مضمون پر سرسری نظر ڈالنے سے زیادہ میں بھی ان کی تخلیقی شخصیت کے اسی پہلو سے تاہنوز لاعلم تھا۔ اب جو "بغیر نقشے کا مکان" کی شکل میں ان کی مختلف النوع تاثراتی تحریروں کا ایک بھرپور مجموعہ سامنے آیا اور اس کے سرسری مطالعے سے اپنے آپ کو گزارنے کی سعادت نصیب ہوئی۔ ہر مضمون، ہر صفحے اور ہر سطر پر اپنے آپ کو ایک استعجاب انگیز مسرت سے سرشار پایا۔ لہجے کی کاٹ، غیر مصلحت پسندانہ حق گوئی و بے باکی، تازگی، شگفتگی، بے ساختگی، واقعیت، طنز و ظرافت، سادگی و سلاست، بے تکلفی، حقیقت پسندی وغیرہ محاسن جو منور رانا کی شاعری کے شناخت نامے ہیں۔ ان کی نثر میں بھی ان تمام اوصاف کی کارفرمائی سطر در سطر جھلکتی ہے۔ "کہو ظل الٰہی سے" (شعری مجموعہ) اور "بغیر نقشے کا مکان" (نثری مجموعہ) دونوں کا تجزیاتی مطالعہ کریں تو بڑے دلچسپ اور عجیب نتائج سامنے آتے ہیں۔ ان کی شاعری اور نثر کبھی ایک دوسرے کی توسیع یا تتمہ محسوس ہوتی ہے، کبھی دونوں باہمہ گر پہلو بہ پہلو ایک دوسرے کو آئینہ دکھلاتے دکھائی دیتے ہیں تو کبھی فیصلہ کرنا دشوار ہوتا ہے کہ دونوں میں کس کو کس پر فوقیت یا ترجیح دی جائے۔ ویسے میری ذاتی رائے ان کی نثر کے حق میں جانے کا جواز نثر میں صاحب طرز لکھنے والوں کا فقدان ہے جب کہ شاعری کو افراط و تفریط نے بے وقار کر رکھا ہے۔ بالخصوص ہلکی پھلکی، شگفتہ اور لطیف نثر لکھنے والے تو خال خال رہ گئے ہیں جن میں ہندوستان میں مجتبیٰ

حسین اور یوسف ناظم اور پاکستان میں مشتاق احمد یوسفی کا دم غنیمت ہے۔ منور رانا کی نثر مشتاق احمد یوسفی کی تحریروں سے قریب تر ہوتے ہوئے واقعہ نگاری اور بے ساختہ پن میں ان کی اپنی انفرادیت کی آئینہ دار ہے۔ بات میں بات پیدا کرنا، الفاظ، جملوں اور محاوروں کو نئی معنویت سے روشناس کرانا، لطیفہ بازی، حاضر جوابی، فقرہ بازی، پھبتی، طنز و ظرافت، خاکے اڑانا، ٹھٹھول اور مسخرگی کے ساتھ ساتھ جذباتیت، اپنائیت، انسان دوستی اور اخلاص جیسی اعلیٰ انسانی قدروں کی اثر انگیز ترجمانی نے "بغیر نقشے کا مکان" میں شامل سترہ تاثراتی مضامین کو ایک نئے خوش گوار ذائقے سے روشناس کرایا ہے۔ شاعری کی طرح یہاں بھی منور رانا کے مشاہدے کی باریک بینی، مطالعے کی وسعت اور تجربات کی کثرت ہر مضمون اور ہر جملے سے جھلکتی ہے۔ زندگی کے روز مرہ معاملات اور معمولات کے علاوہ شعر و ادب میں رائج بدعتوں پر بھی انھوں نے بڑے دلچسپ ریمارک کیے ہیں۔ شعر و ادب کے تئیں اپنے نظریات اور رجحانات کا اظہار کیا ہے۔ ان کے بیش تر جملے ایسے ہیں جنہیں ضرب الامثال کی طرح تختیوں پر جلی حروف میں لکھ کر جا بجا آویزاں کیا جا سکتا ہے۔ مثلاً شعر و ادب کے تعلق سے ان کے چند اقوال زریں ملاحظہ فرمائیے:

☆ "ادب رکھیل کی طرح نہیں ہوتا کہ جس کے جسم اور سانسوں پر شہر کے کسی رئیس کا قبضہ برقرار رہتا ہے بلکہ ادب تو اس مقدس ماں کی طرح ہے جس کی چھاتی سے ابلتا ہوا دودھ، مسلک و مذہب کی قید سے آزاد ہر ننھے بچے کے پیاسے ہونٹوں تک پہنچنے کے لیے بے تاب رہتا ہے۔" (الہٰ آباد آنا ہم تمھیں سنگم دکھائیں گے)

☆ "اگر کسی دوست کا کوئی کام ہو تو عتیق کپڑے پہنے ہوئے تیار ملیں گے، خاتون دوست ہو تو اس کی بھی ضرورت نہیں پڑے گی۔" (الہٰ آباد آنا ہم تمھیں سنگم دکھائیں

گے)

☆ "فراقؔ کے جنسی ضدی پن، فاروقی کا ادبی بچپنا جس کے تحت وہ فراقؔ کے نام کی ڈاک احمد مشتاق کو بھجوا دیتے ہیں، اسلام بیگ چنگیزی کی ذہین برہنہ شاعری، عبید خاں کی ادبی تیر اندازی اور آصف عثمانی کے لہجے کی سفاکی کے ساتھ اگر عتیق کی ذہانت اور حاضر جوابی کو بھی رکھ دیا جائے تو الہ آباد کی ذہانت کا قد کچھ اور نکلتا ہوا معلوم ہوتا ہے۔" (الہٰ آباد آنا ہم تمہیں سنگم دکھائیں گے)

☆ "اردو کو جوش کے گھر کی لونڈی بھی کہا جاتا رہا ہے۔ یہی لونڈی جب ڈاکٹر مظفر حنفی کے ایوان غزل میں آئی تو ایوان غزل تک آنے والے ہر راستے پر علم اور فکر کے چراغ روشن کر دیئے۔" (پھول پر باغ کی مٹی کا اثر آتا ہے)

☆ "انور بھائی کی شاعری استاد بسم اللہ خان کی وہ شہنائی ہے جس کی گونج سنتے ہی گنگا کا مقدس پانی اپنی لہروں کے اشارے سے منھ اندھیرے ہندوؤں کو اشنان کرنے کے لیے اور مسلمانوں کو باوضو ہو جانے کے لیے آواز دینے لگتا ہے۔" (آج لگتا ہے کہ سچ بول دیا ہے میں نے)

☆ "مجھے معلوم نہیں روایتی شاعری، ترقی پسند ادب، جدیدیت اور مابعد جدیدیت کیا ہے؟ میں تو آپ بیتی کو جگ بیتی اور جگ بیتی کو آپ بیتی کے لباس سے آراستہ کر کے غزل بناتا ہوں۔" (عمر بھر دھوپ میں پیڑ جلتا رہا)

☆ "اردو تنقید بھی اس حاسد ساس کی طرح ہو کر رہ گئی ہے جو اپنی تمام بچی ہوئی عمر کی پونجی ہنر مند بہو کی عیب جوئی اور بد سلیقہ بیٹی کی ہنر مندی کی تعریف میں صرف کر دیتی ہے، اس کی بنیادی وجہ شاید یہ ہے کہ تخلیق کار ساری زندگی روٹی کے لیے پریشان رہتا ہے اور تنقید نگار اپنی پہلی بے لگام تنقید کے عوض بوٹی بوٹی پر رکھ کر کھانے لگتا

ہے۔"(ہم سر دار بھی بولیں گے تو سچ بولیں گے)

☆ "اگر قلم ان ذمہ داریوں کا ترجمان نہیں ہے تو پھر بہتر ہے کہ اسے شلواروں اور پاجاموں میں کمر بند ڈالنے کے لیے استعمال کیا جائے۔"(ہم سر دار بھی بولیں گے تو سچ بولیں گے)

☆ "ایسے میں ہزارہا مناظر دیکھنے کے بعد بھی قلم کا ضمیر نہیں جاگتا ہے تو پھر تنقید سے بہتر اور آسان کام کوٹھے کی دلالی ہے، جہاں ضمیر بھی ناجائز حمل کی طرح گرادیا جاتا ہے۔"(ہم سر دار بھی بولیں گے تو سچ بولیں گے)

☆ "حبیب ہاشمی پانچ چھ برس پہلے اتنے کامیاب شاعر نہیں تھے۔ ایک بقر عید میں ایک اچھا ترنم والا بکرا ان کو مل گیا تھا، اس کے بعد سے وہ مشاعروں میں بہت کامیاب ہونے لگے۔"(دیکھتی رہتی ہیں آنکھیں کون ہے کس رنگ میں)

جیسا کہ غزل کے باب میں عرض کر چکا ہوں منور رانا کا دل اپنے والدین سے عقیدت مندانہ سعادت، رشتہ داروں سے محبت و یگانگت، دوستوں سے ملنے جلنے والوں سے اخلاص اور تمام دنیائے انسانیت کے لیے اخوت اور ہمدردی کے پاکیزہ اور نازک جذبات سے لبریز ہے۔ اشعار میں جس طرح ان کے یہ جذبات جھلکتے اور چھلکتے رہتے ہیں ، نثر بھی ان سے شرابور رہے۔ بالخصوص والدین کے لئے تو ان کے سعادت مندانہ جذبات اپنی مثال آپ ہیں۔ " کہو ظل الٰہی سے "کا انتساب "ابو کے نام" اور "بغیر نقشے کا مکان" میں شامل ان کا مضمون "عمر بھر دھوپ میں پیڑ جلتا رہا" جسے انھوں نے اپنے شعری مجموعے میں بھی بطور پیش لفظ شامل کیا ہے، اس کے ہر ہر لفظ سے ان کی بے مثال سعادت مندی اور والدین کے تئیں ان کے دل میں ٹھاٹھیں مارتی ہوئی محبت مترشح ہے۔

پورا مضمون جذباتیت سے لبریز ہے۔ اکثر جملوں پر بے اختیار دل بھر آتا ہے۔ آنکھیں چھلک پڑتی ہیں۔ مثالیں نہیں دوں گا کہ مضمون کا تقدس مجروح ہوتا ہے۔ مکمل مضمون ہی اپنی مثال آپ ہے۔ اس کے علاوہ بھی دیگر مضامین میں منور رانا کے والدین سے جذباتی وابستگی کی چند مثالیں ملاحظہ کیجئے:

☆ "ضرورت کچھ بھی ہو سکتی ہے، ماں ہر گز نہیں ہو سکتی کیونکہ ماں تو سراپا محبت ہوتی ہے۔ ضرورت سے اس کا کیا لینا دینا۔" (سنگ اٹھایا تھا کہ سر یاد آیا)

☆ "ایک بار میں نے کمرے میں کسی کی آہٹ سن کر اگالدان لانے کو کہا لیکن جب میں نے گردن اٹھائی تو دیکھا والد صاحب بہ نفس نفیس ہتھیلیوں کو میرے منہ کے پاس لیے کھڑے تھے اور حکم (بشکل التجا) تھا کہ پیک فرمائیے۔ وہ دن ہے اور آج کا دن میں نے کبھی اگالدان میں نہیں تھوکا اور جہاں جی چاہا تھوک ا ہے۔" (ذکر کچھ پان کا بھی ہو جائے)

☆ "تلاش و جستجو کا لا متناہی سلسلہ کبھی ختم نہیں ہوگا۔ کبھی کوکھ اولاد کو تلاش کرتی ہے، کبھی اولاد ماں کی آغوش کو۔" (میری ہنسی تو میرے غموں کا لباس ہے)

☆ "بچپن میں باپ بھی خضر علیہ السلام معلوم ہوتا ہے۔ بچپن خوشبو کی طرح ہوتا ہے، بہت دیر نہیں ٹھہرتا۔" (عمر بھر دھوپ میں پیڑ جلتا رہا)

☆ "ابو صرف ایک بار اس گاڑی پر بیٹھ سکے کیونکہ اگلے ہفتے امی اپنی کلائی کی سب چوڑیاں توڑ چکی تھیں۔" (عمر بھر دھوپ میں پیڑ جلتا رہا)

مشہور ناظم مشاعرہ ثقلین حیدر کے انتقال پر منور رانا کی رقت انگیزی محسوس کیجئے:

☆ "رات نے بھی اپنے ماتھے سے چاند کا جھومر اور ستاروں کی افشاں اتار کر اپنی بیوگی کا اعلان کر دیا۔۔۔ اگر دنیا کا سب سے آسان کام بھابھی سے بات کرنا ہے تو دنیا کا

سب سے مشکل کام بھی بھابھی سے بات کرنا ہے۔ ایک عورت جو بیک وقت بھابھی، ماں اور بڑی بہن کا روپ دھارے ہو اس سے یہ کہنا کہ آپ سہاگ چوڑیاں توڑ دیجئے اور عدت کی زنجیروں میں قید ہو جایئے، ایسی دل دہلا دینے والی خبر دیتے وقت آدمی سوچتا ہے کہ وہ گونگا کیوں نہیں پیدا ہوا۔ "(مرے آنسو بھی شاید استخارہ دیکھ لیتے ہیں)

اور اب منور رانا کے چند دلچسپ معنی خیز، سدا بہار اور دستاویزی نوعیت کے جملے بھی ملاحظہ فرمایئے:

☆ "آندھی کتنی ہی طاقت ور کیوں نہ ہو، اس کا زور زیادہ دیر تک نہیں رہتا لیکن پرانے چراغ بجھتے بجھتے بھی نئے چراغوں کو اپنا ہنر سونپ دیتے ہیں۔ آندھی اور چراغ کی جنگ جب تک دنیا ہے، جاری رہے گی۔"(الہ آباد آنا ہم تمھیں سنگم دکھائیں گے)

☆ "یہ تو بیسویں صدی ہے جو اکیسویں صدی کی دہلیز پر کھڑی ہو کر کٹی پھٹی تہذیب کا مرثیہ پڑھ رہی ہے۔"(الہ آباد آنا ہم تمھیں سنگم دکھائیں گے)

☆ "جس کے باپ سے دوستی ہو، اس کی بیٹی سے کیا دوستی۔ میں تو ہمیشہ ان لور کا دوست رہا ہوں۔ اصول بھی تو آخر کوئی چیز ہے۔ شراب کی دکان میں شہد رکھنا، شہید کی مکھیوں کی شب و روز کی محنت سے سراسر مذاق کرنا ہے۔"(آج لگتا ہے کہ سچ بول دیا ہے میں نے)

☆ "اس ملک میں تو حکومت بھی بابری مسجد کی شہادت کے بعد صدر مملکت کو آگاہ کرتی ہے۔"(اس کو بے بہری عالم کا صلہ کہتے ہیں)

☆ "مستقبل کا خواب بھی وہ نشہ ہوتا ہے جو ساری عمر نہیں اترتا۔ وہ الہڑ شباب ہوتا ہے جس سے بڑھاپا کترا کر گزرتا ہے، وہ طوفان ہوتا ہے، جسے باندھا نہیں جا سکتا۔"(عمر بھر دھوپ میں پیڑ جلتا رہا)

☆ "روپیہ اگر کولڈ اسٹوریج میں بھی رکھا جائے، تب بھی گرم ہی رہتا ہے۔" (نواب متین لطیفی)

☆ "جناب کلیم الدین شمس کی سب سے بڑی خوبی یہ ہے کہ انھیں ہر آدمی اپنا آدمی سمجھتا ہے بلکہ کئی عورتیں بھی انھیں اپنا آدمی سمجھ کر زندہ ہیں۔" (دلہن بنی شاعر کی بیٹی)

☆ "جسے پولس تلاش کرے، وہ یقیناً شریف آدمی ہو گا۔" (سنگ اٹھایا تھا کہ سر یاد آیا)

☆ "اور میں بھاگلپور کی طرح سہم گیا۔" (سنگ اٹھایا تھا کہ سر یاد آیا)

☆ "کلکتے کی سڑک پر گاڑی چلانا غنڈوں کے سامنے زبان چلانے کی طرح خطرناک ہے۔" (سنگ اٹھایا تھا کہ سر یاد آیا)

☆ "وہ لوگ بھی ایک ہی دستر خوان پر ٹیلی ویژن دیکھتے مل جائیں گے جنھوں نے ایک جائے نماز کے کئی ٹکڑے کر دیئے۔" (پہلے انٹینا پہ رکھے پھر دھرے دیوار پر)

☆ "ہوڑہ اسٹیشن کا علاقہ گاڑیوں سے اس طرح بھرا ہوا تھا جیسے سرکاری افسروں کی جیبیں رشوت کی رقم سے بھری رہتی ہیں۔" (دھوپ اتری نہیں سر سے ابھی پچھلے سفر کی)

☆ "جب اندھیرا سامنے ہو تو کہرا کہلاتا ہے اور جب آنکھوں میں ہو تو موتیا بند۔" (دھوپ اتری نہیں سر سے ابھی پچھلے سفر کی)

☆ "شہر نے مجھے بریانی کھلا کر روٹی کی لذت چھین لی۔" (شہروں میں کوئی چاند کو ماما نہیں کہتا)

☆ "مسکراہٹ اور خوش اخلاقی کا سب سے کم استعمال ہوٹل والوں کے یہاں ہوتا

ہے۔"(کٹی عمر ہوٹلوں میں)

☆ "ڈاکٹر مریضوں کو دیکھ کر یوں مسکرا رہے تھے جیسے ٹاٹا برلا اپنی فیکٹریوں کی تعداد دیکھ کر مسکراتے ہیں۔"(روزے میں پیازو کی طرف دیکھا تھا میں نے)

☆ "ایسے قیمتی آنسو جنھیں دیکھ کر تسبیح کے دانوں کا گمان ہوتا ہے۔"(روزے میں پیازو کی طرف دیکھا تھا میں نے)

☆ "چھپکلی، پتنگوں اور کیڑے مکوڑوں کو کھاتی ہے اور رشوت انسانیت اور ایمانداری کا خون پی کر زندہ ہے۔"(میرے خیال میں رشوت بہت ضروری ہے)

☆ "لوہے اور اسٹیل کی بنی ہوئی گاڑیاں وہاں نہیں رک سکتیں جہاں بھولی بھالی خواہشیں مسافروں کی طرح انتظار کرتی ہیں۔"(میری ہنسی تو میرے غموں کا لباس ہے)

یہ ساری باتیں، یہ ساری مثالیں تو منور رانا کے قارئین کے لیے ہیں، اب آخیر میں خود منور رانا کے لیے میرا پر خلوص مشورہ ہے کہ وہ اس قسم کے نثری مضامین کی تخلیق کے لیے اپنے آپ کو زیادہ فارغ کریں کہ اردو کے ضعف معدہ کے شکار قاری میں بے نمک مرچ، بے مزہ پھیکی، چبے چبائے موضوعات پر مبنی غزلوں، بوجھل، گنجلک اور بعید از فہم نظموں، کہانی پن سے عاری، پیچیدہ علامتی کہانیوں اور بقراطیت اور ژولیدگی سے آلودہ فلسفیانہ موشگافیوں میں الجھے تنقیدی و تخلیقی مضامین کے ہضم کرنے کی صلاحیت باقی نہیں رہی ہے۔ اب ہلکی پھلکی، چٹخارہ دار، نمکین، خوش ذائقہ اور زود ہضم تحریریں ہی اس کی اشتہا بڑھا سکتی ہیں اور آپ کی تحریروں میں یہ سارے غذائیت بخش لوازمات بدرجۂ اتم موجود ہیں۔

(۵) سید معراج جامیؔ کی غزل گوئی

ڈاکٹر فراز حامدی

غزل اردو شاعری کی معراج ہے اور سید معراج جامیؔ غزل کا ایک وقیع نام آپ پوچھ سکتے ہیں کہ معراج جامی کون ہیں؟ سید معراج جامی جنھوں نے صرف بیس سال کی کچی عمر میں "امریکن کلچرل سینٹر کراچی" کی طرف سے ۱۹۸۵ء میں منعقدہ مقابلہ شعر گوئی میں ایک سو چورانوے (۱۹۴) شعرا کو شکست دے کر اول انعام حاصل کیا تھا۔

سید معراج جامیؔ جو بر صغیر کے سب سے بڑے شہر کولکاتا کے ہاشمی خاندان کے چشم و چراغ ہیں۔ سید معراج جامیؔ جو اعلیٰ تعلیم یافتہ ہیں اور اسلامیات واردو میں پوسٹ گریجویشن کی ڈگریاں رکھتے ہیں۔ سید معراج جامی جنھوں نے ۱۹۸۰ء میں اپنی شاعری کا آغاز کیا اور فدا خالدی دہلوی کو استاد بنایا جن کا سلسلہ شعری حضرت داغ دہلوی تک پہنچتا ہے۔ سید معراج جامی جن کی غزلیات کا شعری مجموعہ "روزن خیال" کے نام سے منظر عام پر آچکا ہے اور شائقین سے پذیرائی پا چکا ہے۔

سید معراج جامی بڑے نامی گرامی ہیں اور ایک بات ان کے لئے بلا خوف تردید کہی جا سکتی ہے کہ وہ بنیادی طور پر ہی نہیں بلکہ پوری طرح غزل کے شاعر ہیں۔ انھوں نے خود ایک جگہ اعتراف کیا ہے: "میں غزل کا شاعر ہوں۔ میری اکمل و مکمل توجہ غزل پر ہے۔"

وہ غزل جسے قلی قطب شاہ اور ولی دکنی نے اپنی گودیوں میں کھلایا، وہ غزل جسے میر و

سودا نے پال پوس کر بڑا کیا، وہ غزل جسے انشاء و جرات نے طاقت و توانائی عطا کی، وہ غزل جسے مومن و غالب کے لباس فاخرہ زیب تن کر دیا، وہ غزل جسے آتش و ناسخ نے نوک پلک سے درست کیا، وہ غزل جسے حسرت و امیر نے گلے لگایا، وہ غزل جو داغ کی محبوبہ تھی، وہ غزل جو جگر کی پسندیدہ تھی، وہ غزل جو بڑی کافر ادا صنف سخن ہے اور وہ غزل جس نے ہزار ردو قدح کے بعد بھی تاج سخنوری اپنے سر پر نہیں رکھا ہے۔ وہی غزل سراپا رنگ و بو بن کر ان کی رگ و پے میں سرائیت کر گئی ہے۔ ان کے ذہن اور ذوق کی تربیت اردو کی کلاسیکی روایات اور قدیم شعریات سے ہوئی ہے اس لئے انھوں نے غزل کو ہی اپنے اظہار کا وسیلہ بنایا ہے۔

یوں تو کہا جا سکتا ہے کہ فی زمانہ بھی صدہا غزل گو شعرا ہیں جنہوں نے دنیائے اردو میں دھوم مچا رکھی ہے اور پچاسوں غزلیات کے مجموعے ہر سال اشاعت پذیر ہوتے رہتے ہیں لیکن یہ حقیقت ہے کہ شاذ و نادر ہی کوئی مجموعہ قبولیت عام کی سند پاتا ہے اور مشکل سے ہی کوئی شاعر غزل کی پر شکوہ مسند پر متمکن ہو پاتا ہے۔

شعری اظہار کو اعتبار اور وقار کی سند تب ملتی ہے جب اس میں فنی رکھ رکھاؤ ہو، سلیقہ اور ہنر مندی ہو، مشاہدات و محسوسات کی سچی ترجمانی ہو اور قاری کو پڑھ کر ایسا لگے کہ جیسے وہ ایک جانی پہچانی دنیا میں سفر کر رہا ہو۔ جامی کے کلام میں یہ خوبیاں بدرجہ اتم ملیں گی۔ وہ روایتی شعرا سے بالکل مختلف انداز میں شعر کہتے ہیں اور ان کی غزلوں میں خوش آہنگی کے ساتھ ایک سرور انگیز نشاط ملتا ہے۔ڈاکٹر فرمان فتح پوری نے جامی کی شاعری پر بجا طور پر مندرجہ ذیل سطور میں قابل قدر رائے پیش کی ہے جس سے ان کی شاعرانہ قدر و قامت کا اندازہ ہوتا ہے:

"جامی کی شاعری خواب دیکھتی ہوئی آنکھوں کی شاعری ہے۔ ان کی شاعری میں

الفاظ صدا نہیں دیتے، گنگناتے ہیں۔ جذبے خروش پیدا نہیں کرتے بلکہ خاموش کروٹیں بدلتے ہیں۔ وجہ یہ ہے کہ جامی دیکھتے تو بہت کچھ ہیں لیکن شعر میں اپنے مشاہدے کے صرف اسی پہلو کو جگہ دیتے ہیں جو فکر و ادراک سے گزرتا ہوا، جذبوں سے کھلتا ہوا، لفظوں کے دامن پر مچل جاتا ہے۔ جامی سوچتے بھی بہت ہیں لیکن سوچ کی صرف اسی لہر کو شعری قبا پہناتے ہیں، جو احساس کی سطح پر بے تابانہ رقص کرنے لگتی ہیں۔ نسبتاً ان کی شاعری میں موسیقیت و غنائیت کا ایک خوش رنگ تموج جھلکتا نظر آتا ہے، یہ تموج چھوٹی بحروں اور مختصر زمینوں میں تازگی و شادابی کے ایک نئے رنگ و آہنگ کو جنم دیتا ہے۔"

مندرجہ ذیل اشعار بتائیں گے کہ فرمان فتح پوری نے جو کچھ کہا ہے سچ کہا ہے اور سچ کے علاوہ کچھ نہیں کیا ہے:

وہ بنیادی طور پر ہی نہیں بلکہ پوری طرح غزل کے شاعر ہیں۔ انھوں نے خود ایک جگہ اعتراف کیا ہے: "میں غزل کا شاعر ہوں۔ میری اکمل و مکمل توجہ غزل پر ہے۔"

وہ غزل جسے قلی قطب شاہ اور ولی دکنی نے اپنی گودیوں میں کھلایا، وہ غزل جسے میر و سودا نے پال پوس کر بڑا کیا، وہ غزل جسے انشاء و جرأت نے طاقت و توانائی عطا کی، وہ غزل جسے مومن و غالب کے لباس فاخرہ زیب تن کر دیا، وہ غزل جسے آتش و ناسخ نے نوک پلک سے درست کیا، وہ غزل جسے حسرت و امیر نے گلے لگایا، وہ غزل جو داغ کی محبوبہ تھی، وہ غزل جو جگر کی پسندیدہ تھی، وہ غزل جو بڑی کافرادا صنف سخن ہے اور وہ غزل جس نے ہزار ردو قدح کے بعد بھی تاج سخنوری اپنے سر پر نہیں رکھا ہے۔ وہی غزل سراپا رنگ و بو بن کر ان کی رگ و پے میں سرائیت کر گئی ہے۔ ان کے ذہن اور ذوق کی تربیت اردو کی کلاسیکی روایات اور قدیم شعریات سے ہوئی ہے اس لئے انھوں نے غزل کو ہی اپنے اظہار

کا وسیلہ بنایا ہے۔

یوں تو کہا جا سکتا ہے کہ فی زمانہ بھی صدہا غزل گو شعرا ہیں جنہوں نے دنیائے اردو میں دھوم مچا رکھی ہے اور پچاسوں غزلیات کے مجموعے ہر سال اشاعت پذیر ہوتے رہتے ہیں لیکن یہ حقیقت ہے کہ شاذ و نادر ہی کوئی مجموعہ قبولیت عام کی سند پاتا ہے اور مشکل سے ہی کوئی شاعر غزل کی پر شکوہ مسند پر متمکن ہو پاتا ہے۔

شعری اظہار کو اعتبار اور وقار کی سند تب ملتی ہے جب اس میں فنی رکھ رکھاؤ ہو، سلیقہ اور ہنر مندی ہو، مشاہدات و محسوسات کی سچی ترجمانی ہو اور قاری کو پڑھ کر ایسا لگے کہ جیسے وہ ایک جانی پہچانی دنیا میں سفر کر رہا ہو۔ جامی کے کلام میں یہ خوبیاں بدرجہ اتم ملیں گی۔ وہ روایتی شعرا سے بالکل مختلف انداز میں شعر کہتے ہیں اور ان کی غزلوں میں خوش آہنگی کے ساتھ ایک سرور انگیز نشاط ملتا ہے۔ ڈاکٹر فرمان فتح پوری نے جامی کی شاعری پر بجا طور پر مندرجہ ذیل سطور میں قابل قدر رائے پیش کی ہے جس سے ان کی شاعرانہ قدر و قامت کا اندازہ ہوتا ہے:

"جامی کی شاعری خواب دیکھتی ہوئی آنکھوں کی شاعری ہے۔ ان کی شاعری میں الفاظ صدا نہیں دیتے، گنگناتے ہیں۔ جذبے خروش پیدا نہیں کرتے بلکہ خاموش کروٹیں بدلتے ہیں۔ وجہ یہ ہے کہ جامی دیکھتے تو بہت کچھ ہیں لیکن شعر میں اپنے مشاہدے کے صرف اسی پہلو کو جگہ دیتے ہیں جو فکر و ادراک سے گزرتا ہوا، جذبوں سے کھلتا ہوا، لفظوں کے دامن پر مچل جاتا ہے۔ جامی سوچتے بھی بہت ہیں لیکن سوچ کی صرف اسی لہر کو شعری قبا پہناتے ہیں، جو احساس کی سطح پر بے تابانہ رقص کرنے لگتی ہیں۔ نسبتاً ان کی شاعری میں موسیقیت و غنائیت کا ایک خوش رنگ تموج جھلکتا نظر آتا ہے، یہ تموج چھوٹی بحروں اور مختصر زمینوں میں تازگی و شادابی کے ایک نئے رنگ و آہنگ کو جنم دیتا

ہے۔"

مندرجہ ذیل اشعار بتائیں گے کہ فرمان فتح پوری نے جو کچھ کہا ہے سچ کہا ہے اور سچ کے علاوہ کچھ نہیں کہا ہے:

دشمنوں کے لئے بچا ہی نہیں
دوستوں ہی میں بٹ گیا ہوں میں

میرا ہر بچہ آئینہ میرا
کتنے چہروں میں بٹ گیا ہوں میں

جان دیتا ہوں زندگی کے لئے
زندگی سے مجھے محبت ہے

کس قدر بدمزاج ہے دنیا
بات کرنا بھی اب قیامت ہے

کتنے جنموں سے گزرتا ہے رات دن
کتنے عذاب ہوتے ہیں اک آدمی کے ساتھ

کس نے ہمارے شہر کو مقتل بنا دیا
سوچیں تو آپ بھی کبھی سنجیدگی کے ساتھ

تغزل میں یہ ضروری ہے کہ غزل گو شاعر کچھ اس انداز سے شعر کہے جو ذوق لطیف کو مطمئن کر سکے اور پڑھنے والے یا سننے والے کے دل میں اتر جائے۔ خیال اور معنی کی کئی جہتیں روشن ہو سکتی ہیں اگر طرز ادا میں جدت اور تنوع ہو۔

جامی کی غزلوں میں کئی ایسی خوبیاں موجود ہیں جو ان کے اشعار کی طرف فوراً متوجہ کر لیتی ہیں۔ زبان و بیان کی صفائی کے ساتھ ایک خلاقانہ رویہ ہے جو ہر جگہ رواں دواں نظر آتا ہے۔ ان کے اسلوب میں کوئی ابہام اور ژولیدگی نہیں بلکہ فنی نزاکتیں اور ذوقی لطافتیں اپنی پوری معنویت کے ساتھ جلوہ گر ہوتی ہیں۔ نمونہ کے طور پر مندرجہ ذیل اشعار کی جاذبیت اور اثر انگیزی ملاحظہ کریں:

اپنے سائے سے کھیلنا ہے مجھے
سر پر اک آفتاب رہنے دے

میرے حالات کی زنجیر مجھے روکتی ہے
ورنہ میں بھی سربازار تماشا کرتا

ٹوٹتی کس طرح انا کی فصیل
وہ بھی ضدی تھا میں بھی خود سر تھا

بانٹ دیتا ہوں زمانے بھر میں
جو مجھے میرا خدا دیتا ہے

عجیب دور ہے یارو کہ آ گہی چپ ہے
اندھیرے شور مچاتے ہیں روشنی چپ ہے

مجھ پہ اسرار منکشف کر کے
مبتلائے عذاب تو نے کیا

سیدھے سادے اشعار ہیں اور بظاہر ان میں کوئی گہرائی نہیں مگر ان کا یہ سپاٹ لہجہ تصنع اور بناوٹ سے عاری ہے۔ علاوہ ازیں ان کے لہجہ میں بلا کی بے ساختگی پائی جاتی ہے۔ موصوف لفظوں کے ذریعے اس طرح مشاہدہ اور واقعہ کی تصویر کشی کرتے ہیں جیسے کوئی مصور کینوس پر تصویر میں رنگ آمیزی کر تا ہو۔ شعر ایک تصویر کی صورت نگاہوں کے سامنے رقصاں نظر آتا ہے۔ مثلاً:

سر میخانہ پڑی تھی کب سے
چوم کر میں نے اٹھالی، تصویر

آئینہ دیکھ رہا ہے تم کو
تم نرالے ہو نرالی، تصویر

فضاؤں پہ کیوں چھا رہی ہے اداسی
ابھی تو مجھی تک مری داستاں ہے

حسن کے لب پر ہنسی تھی میں نہ تھا

کس پہ یہ بجلی گری تھی میں نہ تھا

اچھا شاعر جب لفظوں کے ذریعہ شعر میں بولتا ہے تو ہر لفظ کو تول کر بولتا ہے۔ معراج جامی جہاں سلیقہ اور رکھ رکھاؤ سے شعر کہتے ہیں وہیں حرمت الفاظ کا بھی پورا دھیان رکھتے ہیں۔ ایک جگہ انھوں نے اس سلسلے میں وضاحت کی ہے:

حرمت الفاظ سے، کتنے ہوئے ہیں آشنا
یوں تو ہیں شہر سخنور میں سخنور سیکڑوں

وہ حرمت الفاظ سے بخوبی آشنا ہیں اور ایسے ہی الفاظ انہیں شعر کہنے کی ہنر مندی دیتے ہیں۔ لفظ کے ذریعہ وہ اپنے خیال کو پیرہن عطا کرتے ہیں اور لفظ کے ذریعہ ہی وہ اپنے جذبہ اور احساس کو صفحہ کاغذ پر منتقل کرتے ہیں۔ الفاظ کو استعمال کرتے ہوئے وہ الفاظ کی حرمت پر ذرا بھی آنچ نہیں آنے دیتے۔ اسی ضمن میں یہ اشعار دیکھئے:

گوہر مقصود آنا تھا نہ ہاتھ آیا مرے
سیپیاں چنتا رہا ساحل پہ دن بھر سینکڑوں

آج بھی ملتا نہیں ہے دست آذر کا ہنر
آج بھی مجھ کو نظر آتے ہیں آذر سینکڑوں

مہرباں ہو گا زمانہ رنگ لائے گا جنوں
اس گلی میں جاؤ تو برسیں گے پتھر سینکڑوں

جس کو کہتے ہیں مقدر وہ سکندر لے گیا

اب فقط ہیں نام کے جامی سکندر سینکڑوں

بہر کیف سید معراج جامی ایک ذی شعور، پر فکر اور باسلیقہ غزل گو شاعر ہیں۔ مختصر بحروں میں بھی موصوف مقصد و منشا اور جذبہ و احساس کو بخوبی واضح کر جاتے ہیں۔ مذاق، معیار، فن اور اسلوب کے اعتبار سے معاصر شاعری میں خصوصاً غزلیہ شاعری میں سید معراج جامی کا نام ایک وقیع نام ہے۔ ان کا شعری مجموعہ "روزن خیال" تو یہی حقیقت اجاگر کرتا ہے۔

(۶) ڈاکٹر گیان چند بحیثیت شاعر

کوثر صدیقی

ہماری بات سنو، ہم کو حرف حرف پڑھو
کمال فن کی گذرتی بہار ہیں ہم لوگ

ڈاکٹر گیان چند کا یہ شعر ان کے حسب حال ہے کیونکہ اس ادبی دور ناہنجار میں ایسے باکمال فنکار اور میر کی زبان میں پراگندہ طبع لوگ کہاں پیدا ہیں۔ جین صاحب نابغۂ روزگار ہستی ہیں۔ وہ بیک وقت عظیم محقق، ناقد، ماہر لسانیات اور ماہر عروض ہونے کے ساتھ باکمال شاعر بھی ہیں۔ ان کا گفتہ، ان کی تخلیقات اردو ادب کا اہم اثاثہ ہے۔ جس میں ان کی شاعری بھی شامل ہے۔ زیر نظر مقالے میں ان کی شاعری پر روشنی ڈالنے کی کوشش کی گئی ہے۔

مدھیہ پردیش میں بھوپال ایک ایسا ادبی مرکز ہے جو مرجع مشاہیر رہا ہے۔ بھوپال نے ہر دور میں باہر سے آنے والے باکمال شخصیات کی نہ صرف میزبانی کی ہے بلکہ انھیں گھر کے فرد کی طرح اپنا بنا کر رکھا ہے۔ ان شخصیتوں نے بھی اپنے علمی ادبی کارناموں سے نہ صرف بھوپال بلکہ صوبے کا نام پورے ملک میں اور ملک کی سرحدوں کے پار بھی روشن کیا ہے۔ باہر سے آنے والی ان شخصیتوں میں شعر و ادب کی دوسری اصناف سے قطع نظر تنقید کے میدان میں ڈاکٹر عبدالرحمن بجنوری کے بعد سب سے بڑا اہم عالمی شہرت یافتہ نام ڈاکٹر گیان چند جین کا ہے۔ یہ اتفاق ہے کہ ان دونوں ہستیوں کا تعلق اترپردیش کے

ایک ہی ضلع بجنور سے ہے۔ جین صاحب مجموعہ کمالات ہیں۔ آپ عظیم محقق، نقاد، مورخ، ماہر لسانیات اور ماہر عروض کی حیثیت سے تو مشہور زمانہ ہیں ہی لیکن کم لوگ اس سے واقف ہیں کہ آپ باکمال صاحب دیوان شاعر بھی ہیں بلکہ یوں کہا جائے تو غلط نہ ہو گا کہ آپ بنیادی طور پر شاعر ہی ہیں۔ آپ نے اپنا ادبی سفر شاعری سے ہی ۱۴ سال کی لڑکپن والی عمر میں جب کہ نویں درجے کے طالب علم تھے، غافلؔ تخلص سے شروع کیا تھا۔ جسے بعد میں ترک کر دیا لیکن دوسرا تخلص بھی اختیار نہیں کیا۔ میرؔ نے کہا ہے کہ غزل کہنا نہ آتی تھی تو سو سو شعر کہتے تھے مگر جین صاحب غزل کہنا آتے ہوئے بھی سو سو شعر کہتے تھے۔ آپ نے ۱۹۴۳ء سے ۱۹۴۷ء کی مدت میں روزانہ ہی کچھ نہ کچھ کہہ کر غزلوں، نظموں اور رباعیوں کا ڈھیر لگا دیا تھا۔ اس کے باوجود اپنا کلام آپ نے دوسروں کو بہت کم سنایا۔ یہ بات جین صاحب نے اپنے شعری مجموعے "کچے بول" مطبوعہ ۱۹۹۱ء میں اس طرح تحریر کی ہے:

"شاعر کچھ کہتا ہے تو جب تک کسی دوسرے کو سنا نہ دے، اس وقت تک اس کے دل میں گرہ بندھی رہتی ہے۔ میں نے اپنی شاعری کا ۹۵-۹۰ فی صد حصہ کبھی کسی کو نہیں سنایا۔ کہتا تھا اور لکھ کر رکھ دیتا تھا۔ لیکن یہ بڑی غلطی تھی۔ اگر دوسروں کو سناتا اور رسالوں میں شائع کرانے کی کوشش کرتا تو دوسروں کی تنقید اور رسالوں کی رد و قبول سے اپنی شاعری کے حسن و قبح کا اندازہ ہو جاتا اور میں ضروری اصلاح کر لیتا لیکن اب کیا ہوتا ہے۔"

اس اقتباس کے آخری جملوں سے ترک شاعری پر ملال کے احساس کی جھلک نظر آتی ہے۔

شاعری روش گل پر چلنے کے مترادف ہے۔ جب کہ تحقیق و تنقید کانٹوں پر چل کر

جھاڑیوں میں گھس کر پھولوں کی تلاش کا نام ہے۔ شاعری شہرت کی منزل تک کم چلنے پر بھی پہنچا دیتی ہے۔ جب کہ تحقیق و تنقید کی منزل لمبے اکتا دینے والے صبر و تحمل کے سفر کے بعد نقاد کو نصیب ہوتی ہے۔ جین صاحب نے ادبی سفر شاعری سے شروع کیا تھا لیکن اس ابتدا ہی میں آپ تنہا کے جوار میں داخل ہو گئے تھے۔ سید وحید اشرف نے اپنی کتاب "مقدمہ رباعی" میں لکھا ہے کہ:

"شاعر عموماً رباعی لکھنا اس وقت شروع کرتا ہے جب وہ دوسرے اصناف سخن پر قابو حاصل کر لیتا ہے اور طبیعت رواں ہو جاتی ہے۔"

یہ دیکھ کر حیرت ہوتی ہے کہ ڈاکٹر جین نے ۱۷-۱۸سال کے لڑکپن میں ہی استادانہ، رنگ میں رباعی گوئی شروع کر دی تھی۔ آپ نے خود لکھا ہے کہ جوش کی رباعیوں کا مجموعہ "جنون و حکمت" پڑھ کر اتنا متاثر ہوا کہ سال ڈیڑھ سال میں تقریباً پانچ سو رباعیاں کہہ دیں۔۔۔رباعی گوئی کے لیے عروض کی واقفیت ضروری ہے اس سے ظاہر ہوتا ہے کہ آپ نے لڑکپن میں ہی عروض کو بھی اپنے دائرۂ کمال میں لے لیا تھا اور اسی نے آگے چل کر آپ کو ماہر عروض بنا دیا۔

یہاں یہ سوال اٹھتا ہے کہ جین صاحب نے روش گل چھوڑ کر خارزار راستہ کیوں اختیار کیا۔ اس کے بارے میں ان کی نگارشات میں کہیں کوئی ذکر یا اشارہ نہیں ملتا۔ لیکن "گلوں سے خار بہتر ہیں جو دامن تھام لیتے ہیں۔" کے مصداق آپ نے سوچا ہو گا کہ شاعری کر کے غالب، مومن یا اقبال بننا تو ممکن نہیں ہے۔ جوش کی گھن گرج سے فضا معمور ہے۔ ترقی پسند تحریک شاعروں کو آپس میں دست گریباں کرانے میں مصروف ہے۔ ایسی صورت میں تحقیق و تنقید کا خارزار راستہ ہی ایسا ہے جہاں مقابلہ آرائی کا اندیشہ کم ہے۔ اس لیے آپ نے ۱۹۴۵ء میں ایم اے کرنے کے بعد الہ آباد یونیورسٹی سے ڈی

فل کرنے کے لیے اپنے مقالہ کا عنوان "اردو نثری داستانیں" منتخب کیا اور ہمہ تن محو تحقیق و تجسس ہو کر دو سال کے اندر تحقیق مکمل کر کے تلاش ملازمت میں لگ گئے۔ ڈی فل کے اس مقالے کی تکمیل کے ساتھ آپ کی شاعری کا پہلا دور ختم ہو جاتا ہے۔ تین سال کی بے روزگاری، جس کا ذکر اکثر آپ نے کیا ہے، بھوپال کے گورنمنٹ حمیدیہ کالج میں بحیثیت اردو لیکچرر تقرر ہو گیا اور جلد ہی ترقی حاصل کر کے پروفیسر ہو گئے۔ آپ کے شعری مجموعے "کچے بول" کے مطالعہ سے ظاہر ہوتا ہے کہ ۱۹۵۰ء یعنی آمد بھوپال سے لے کر ۱۹۶۵ء میں بھوپال سے رخصت ہو جانے تک کی مدت میں آپ شاعری سے کنارہ کش رہے۔ اگرچہ بھوپال میں آپ نے ایک نظم پروفیسر عبید عرب، صدر شعبہ عربی، حمیدیہ کالج پر کہی تھی، جس کا کالج میں کافی ذکر رہا لیکن وہ نظم "کچے بول" میں شامل نہیں ہے۔ حمیدیہ کالج کے ابتدائی دور تقرری میں اردو فارسی کی کچھ غزلیں کالج میگزین میں شائع ہوئی لیکن وہ غالباً سب پرانی تھیں۔ ۱۹۵۱ء کے کالج میگزین کے کچھ اوراق مجھ خاکسار کے پاس ہیں جن میں ۱۹۳۹ء کی ایک فارسی غزل ہے۔ اس غزل کو اس مقالے میں اس غرض سے شامل کر رہا ہوں کہ یہ محفوظ ہو جائے گی کیونکہ یہ غزل اور ان کا فارسی کلام "کچے بول" یا کہیں اور موجود نہیں ہے:

از شیر وانگبیں و حور عدن خدارا
اے شیخ پاک دامن معذور دار مارا
چہ حس شود بہ قلبش از آہ آتشیںنم
آئینہ می گدازد لیکن نہ سنگ خارا
مقصود من وصال آں حسن دلستاں نیست
اے کاش اور ساند عشق میں انتہارا

واعظ فصاحت تومارانہ ور غلاند

بہتر اگر بجوئی پیران پار سارا

اغیار راتو بخشی صد جام ار غوانی

خشت خمے مرا ہم اے ساقی خود آرا

(مقطع دیمک کی نذر ہو گیا ہے۔)

کچے بول میں درج تواریخ کے لحاظ سے آپ کی شاعری کو اصناف سخن کے مطابق مندرجہ ذیل خانوں میں تقسیم کیا جاسکتا ہے:

ا۔ غزل-الف-پہلا دور ۱۹۳۷ء سے ۱۹۴۷ء تک

ب-دوسرا دور ۱۹۶۷ء سے ۱۹۸۸ء تک

۲۔ نظمیں-الف۔پہلا دور ۱۹۳۸ء سے ۱۹۴۹ء تک

-ب دوسرا دور ۱۹۶۶ء سے ۱۹۸۳ء تک

۳۔ رباعیات-الف-پہلا دور ۱۹۳۸ء سے ۱۹۴۸ء تک

-ب-دوسرا دور ۱۹۸۰ء سے ۱۹۹۰ء تک

پہلے دور کی تمام غزلیں سنجیدہ ہیں جب کہ دوسرے دور میں چار فکاہیہ اور دو پیروڈی غزلیں بھی ہیں۔ نظموں کے تحت پہلے دور میں تمام ۵۵ نظمیں سنجیدہ اور پابند ہیں جب کہ دوسرے دور میں صرف تین پابند اور ایک آزاد نظم ہے۔ رباعیوں کے تحت بھی ۱۹۹۰ء میں کہی گئی دس رباعیوں کو چھوڑ کر تمام رباعیاں پہلے دور کی ہیں۔

مندرجہ بالا تجزیے کرنے پر یہ سوال اٹھتا ہے کہ جین صاحب نے بھوپال کے رومانی اور شعری ماحول میں طویل قیام کے باوجود شاعری سے کیوں پرہیز کیا جب کہ چھٹتی نہیں ہے منھ سے یہ کافر لگی ہوئی۔ اس کا جواب ہمیں بہت آسانی سے مل جاتا

ہے۔ جین صاحب بھوپال تشریف آوری کے وقت صرف ایم اے، ڈی فل تھے اور تحریر کردہ کتابوں میں صرف "اردو کی نثری داستانیں" ہی ان کے کھاتے میں تھی۔ آپ کی دو درجن سے زیادہ مطبوعہ کتابوں میں آدھی سے زیادہ بھوپال میں تحریر کردہ ہیں۔ بھوپال میں ہی آپ نے ایم اے سوشالاجی اور ڈی لٹ کیا۔ انھیں نثری تخلیقات میں منہمک رہنے کے باعث آپ نے لیلائے شاعری کے گیسوؤں کی مشاطگی سے غالباً بے اعتنائی برتی ہوگی۔ آپ کی شاعری کا دوسرا دور بھوپال کو ۱۹۶۵ء میں خیرباد کہنے کے فوراً بعد ۱۹۶۶ء میں شروع ہو جاتا ہے جو دھیمی رفتار سے سہی لیکن "کچے بول" کی اشاعت سے کچھ پہلے ۱۹۹۰ء تک جاری رہا۔ اس کے بعد بھی غالباً جاری رہا ہوگا اور ہو سکتا ہے تیز رفتاری بھی رہی ہو کیونکہ آپ ۱۹۹۱ء میں ملازماتی ذمہ داریوں سے سبک دوش ہو گئے تھے مگر آپ کے رٹائرمنٹ کے بعد کی شاعری تلاش کرنا اب مشکل ہے کیونکہ آپ اپنا ذاتی کتب خانہ عثمانیہ یونیورسٹی حیدرآباد کو سونپ کر لکھنو کا گھر بار فروخت کر کے لاس انجلس میں اپنے بیٹوں کے پاس قیام گزیں ہیں اور مسلسل بیماری کی وجہ سے اب وہ اس حالت میں نہیں ہیں کہ خط و کتابت کے ذریعہ پوچھ تاچھ کر کے اور معلومات حاصل کی جاسکیں۔ آپ نے ۳۰ اگست ۲۰۰۴ء کے مراسلے میں خاکسار کو لکھا ہے: (اقتباس)

"تم میری صحت سے واقف نہیں ہو۔ مجھے ایسی بیماری ہے جس کا کوئی علاج نہیں۔ موت بہتر ہے ایسے جینے سے (مثنوی زہر عشق) بیماری کی وجہ سے میرے لیے اپنی تحریر پڑھنا بھی ممکن نہیں ہے۔ میں ایک زندہ لاش ہوں۔"

آپ کا ۱۹۴۸ء تک کا شعری سرمایہ قریب ساڑھے تین ہزار اشعار پر مشتمل تھا جس میں سے آپ نے ایک چوتھائی کے قریب برقرار رکھا۔ اس خود منتخب کردہ کلام کا بھی مزید انتخاب کرنے کے پہلے آپ نے حیدرآباد میں مغنی تبسم کو مسودہ دیا مگر انھوں

نے پورا کلام ہی لائق اشاعت کہہ کے مسودہ واپس کر دیا۔ اس کے بعد اسی مسودے کی ڈاکٹر شمس الرحمن فاروقی نے کچھ تجویزوں کے ساتھ آخری شکل دی۔ جسے "کچے بول" کے عنوان سے آپ نے اترپردیش اردو اکیڈمی کے جزوی مالی تعاون سے ۱۹۹۱ء میں شائع کیا۔

جین صاحب کے مزاج میں عجز و انکسار، رواداری، متانت، سادگی اور سنجیدگی کوٹ کوٹ کر بھری ہوئی ہے۔ ہر لحاظ سے عظیم المرتبت شخصیت ہونے کے باوجود آپ اپنی تخلیقات کی خوبیاں نہ خود بیان کرتے ہیں نہ کسی کی ستائش یا مدح کو پسند کرتے ہیں۔ آپ کا کہنا ہے کہ پیش لفظ میں مدح سرائی کے سوا کچھ نہیں ہوتا اس لیے آپ نے شروع سے آخر تک اپنی کسی کتاب کا پیش لفظ کسی سے نہیں لکھوایا۔ اسی جذبے کے تحت آپ نے اپنے شعری مجموعے کا نام بھی "کچے بول" رکھا ہے جب کہ یہ مجموعہ شروع سے آخر تک پختگی کا اعلیٰ نمونہ ہے۔ جین صاحب میں خود احتسابی کا مادہ بھی بدرجہ اتم ہے جس کی وجہ سے آپ نے مذکورہ شعری مجموعے کی اشاعت کو ترجیح نہیں دی۔

جین صاحب اپنے استاد آپ ہیں۔ آپ نے کسی سے کبھی اصلاح نہیں لی۔ ذوق شعر گوئی آپ کو قسام ازل سے ودیعت ہوا تھا۔ گہرے مطالعہ نے انھیں ابتدا ہی میں منزل منتہا پر پہنچا دیا تھا اور کم عمری میں ہی بالغ اور پختہ ذہنیت کا مالک بنا دیا تھا۔ پہلے دور کی غزلیں ۱۴ سے ۲۴ سال کی عمر میں کہی گئی ہیں جو فنی اعتبار سے مکمل ہیں اور کہنا پڑتا ہے کہ ایں سعادت بزور بازو نیست۔ ۱۴ سال کی عمر میں کہا گیا استادانہ رنگ کا ایک قطعہ ملاحظہ فرمائیے:

لایا ہوں میں ازل ہی سے اک درد مند دل
پھر کیوں نہ پائے تیرے جہاں میں گزند دل

کیونکر نہ ہو شریک تری بزم عیش میں
رہنا ہے قید خانہ ظلمت میں بند دل

شاعری کے لیے عشق ضروری ہے۔ عشق کی حرارت سے شعروں کو حرارت اور سوز و گداز ملتا ہے۔ عشق بے خطر آگ میں کود پڑتا ہے جب کہ عقل بالائے بام تماشا دیکھتی رہ جاتی ہے۔ جین صاحب کی شاعری پڑھ کر ایسا محسوس ہوتا ہے کہ انھوں نے صرف کتابوں سے عشق کیا ہے۔ کتابوں کی سان پر ہی اپنی عقل کو صیقل کیا ہے۔ عشق کا ذاتی تجربہ کرنے کے بجائے مشاہدات اور تخیل کی بنا پر معاملات عشق کو سمجھنے کی کوشش کی ہے اسی لیے ان کی شاعری فنی اصولوں پر کھری اترتی ہے۔ آپ کی شاعری میں تفکر، تخیل، معنویت، تشبیہات، استعارات غرض کہ اچھی شاعری کی جملہ صفات موجود ہیں لیکن اس سوز و گداز کی کمی ہے جس کو پڑھ کر قاری تڑپ اٹھے۔ بے ساختہ منہ سے واہ نکل پڑے۔

جین صاحب نے اپنی شاعری کی بنیاد تین عناصر پر بتائی ہے۔ اول خیال پرست رومانیت، دوم فطرت پرستی اور سوم تعقل پرستی۔ اس مثلث عناصر کے پس منظر میں پہلے دور کی پچیس غزلیں / قطعات / متفرق اشعار ہیں۔ نمونہ ملاحظہ فرمائیے: (قطعہ)

زمان و مکاں سب نظر کا ہے دھوکا
زمین و فلک کیا ہیں؟ دن رات کیا ہے
جوانی کی کاوش کا پھل ضعیفی
اجل زندگی کی مکافات کیا ہے

۲۱ سالہ چڑھتے شباب کے عہد میں یہ بزرگانہ شعر ملاحظہ فرمائیے:

اٹھانا چاہئے آسائش جہاں کے ساتھ

کہ آفتاب سر کوہسار ہیں ہم لوگ

سرائے دہر میں چندے رہا و داع ہوا

مفکرو! مری ہستی کا مدعا کیا ہے

پہلے دور کی غزلوں کے مقابلے میں اسی دور کی نظمیں زیادہ موثر اور دلکش ہیں۔ اس دور میں کہی گئی نظموں میں سے ۵۵ نظمیں کچے بول میں شامل ہیں۔ نظموں میں زیادہ تر خود کا رنگ سخن ہے لیکن کہیں کہیں علامہ اقبال کا رنگ نظر آتا ہے کہیں کہیں رباعیوں پر جوش کی رباعیوں کا گمان ہوتا ہے ملاحظہ فرمائیے:

کبھی وجہ وجود دو جہاں عشق

کبھی غارت گر کون و مکاں عشق

نہ کیوں مجموعہ ضدین کہیے

کبھی راحت کبھی سوہان جاں عشق

تمام نظمیں موضوعاتی اور اظہار و بیان کے لحاظ سے اہم اور مکمل ہونے کے ساتھ قوت متخیلہ اور نوک قلم کے تال میل کا اعلیٰ نمونہ ہیں۔ ان نظموں میں جہاں جہاں منظر نگاری ہے وہ واقعی بہت قابل تعریف ہے۔ نظم آفتاب میں آفتاب کی منظر نگاری کا نمونہ ملاحظہ فرمائیے:

اک کنول کا پھول ہے اوپر کو چڑھتا آفتاب

جس کے چاروں سمت ہیں پھیلی ہوئی امواج آب

اس برہمن کی جبیں کا صندلی قشقہ ہے یہ

سادہ لوحی سے جو سمجھا ہے اسے نقش ثواب

یہ چمکتا جگمگاتا آفتابہ ہے کوئی
یا سمندر میں تن تنہا جزیرہ ہے کوئی

پیچ میں کرنوں کے سورج اگ رہا ہے اس طرح
غسل سے آئے کوئی زلفیں بکھیرے جس طرح

زاہد باریش لگتا ہے شعاعوں کے سبب
جائے حیرت ہے صبوحی کش ہوا ہے کس طرح

کیا حقیقت تو نہیں ویدوں پرانوں کا بیاں
جا رہا ہے دیوتا کا رتھ گگن کے درمیاں

دوسرے دور کی نظموں میں صرف تین نظمیں ہیں جس میں نئی الف لیلیٰ پڑھ کر شاعری جزو یست از پیغمبری پر ایمان لانا پڑتا ہے۔ اس نظم میں جین صاحب نے عراق کی تباہ کاری کی جو منظر کشی کی ہے وہ آج سے بیس بائیس سال پہلے کے عراق کی بربادی کا منظر نہ ہو کر امریکہ کے تازہ حملوں کے بعد کی تباہی و بربادی کا منظر نظر آتا ہے۔ نمونہ (اقتباس) ملاحظہ کیجیے۔

نہیں بغداد اب یہ کربلا ہے / یہاں ہر جاگتا سویا ہوا ہے / یہاں کوئی کھنڈر گر سانس لینا چاہتا ہے
تو گھس جاتے ہیں نتھنوں میں فقط بارود کے ذرے / فرات و دجلہ ہیں دو سیل خونیں اچھلتا کودتا ہے جن کے اندر / عراق پر تہور کا وہ لاشہ / ہیں جس کی پیٹھ پر اپنوں

کے خنجر

عراق اب مسکن کرب وبلا ہے / غلام عرب سارا ایشیا ہے

جین صاحب کی غزلوں کا دوسرا دور ۱۹۶۷ء سے شروع ہو کر ۱۹۸۸ء میں ختم ہوتا ہے۔ پہلے دور کے مقابلے میں اس دور کی غزلوں میں ایک نمایاں تبدیلی یہ نظر آتی ہے کہ آپ کے اندر چھپی ہوئی ظرافت اور بذلہ سنجی عود کر آئی ہے اور سنجیدہ غزلوں میں سیاسی سماجی مسائل کا دخول بھی ہوا ہے۔ آپ کی فکاہیہ شاعری کے تحت اس دور میں آپ نے غزلوں کے ساتھ کچھ پیروڈیز بھی کہی ہیں جو قاری کا دامان دل زیادہ کھینچتی ہیں۔ جین صاحب کا مزاج برائے مزاح نہیں ہے۔ آپ کے فکاہیہ کلام کی بڑی خوبی یہ ہے کہ ان میں اکثر سماجی برائیوں کی طرف اشارہ ہے اور کوئی اصلاحی پہلو بھی۔ نمونہ ملاحظہ فرمایئے:(فکاہیہ غزل)

طالب فلم کو اب کہنے لگے طالب علم
بے زباں شخص کو سب لیکچرر کہتے ہیں

گو بہت ہے جموں میں حسن رہگذر یارو
ہم کو کیا کہ ہم تو ہیں صرف ماسٹر یارو

میں نے چھپوادی شب خوں میں جب سے غزل
ساری لاشیں اڑانے لگیں مضحکہ

خود کو گر تسلیم کروانا ہو اردو کا زعیم

چندبار امریکہ وبرطانیہ کاحج کرو

آپ نے غالب کی ایک منقبتی غزل کے ہر دوسرے مصرعہ پر گرہ لگا کر مزاح پیدا کیاہے جو بہت مشکل کام ہے۔ نمونہ ملاحظہ فرمایئے:

کھاکے ایل ایس ڈی کہتی تھی کوئی زہرہ جبیں
درد یک ساغر غفلت ہے چہ دنیاوچہ دیں

کہتے ہیں غازہ وسرخی کے بنانے والے
ہم کہاں ہوتے اگر حسن نہ ہوتا خود بیں

جین صاحب کی شاعری کے پہلے دور میں متنوع موضوعات پر کہی گئی قریب پانچ سو رباعیوں میں سے "کچے بول" میں صرف ۱۷۳ رباعیاں اور دوسرے دور کی کل پانچ رباعیاں شامل ہیں۔ یہ کہنا غلط نہ ہو گا کہ جین صاحب کی شاعری کا صحیح رنگ روپ رباعیوں میں ہی نظر آتا ہے۔ انھیں پڑھنے کے بعد یہ سوچنا پڑتا ہے کہ جین صاحب نے ترک شاعری کیوں کیا ہو گا۔ ترک شاعری کر کے چاہے آپ نے خود پر ستم نہ کیا ہو لیکن اردو شاعری پر ضرور ظلم کیا ہے۔ جین صاحب کی شاعری میں فکر و نظر، تخیل اور انداز بیاں اور علمیت کے پیش نظر وثوق سے کہا جا سکتا ہے کہ وہ خواہ غزل نہ کہتے گاہے بہ گاہے صرف رباعی ہی کہتے رہتے تو بہ حیثیت رباعی گو وہ اردو کے سب سے عظیم شاعر ہوتے۔

مدھیہ پردیش میں اردو شعر و ادب کے ارتقا میں جین صاحب کا ناقابل فراموش حصہ ہے۔ قیام بھوپال کا زمانہ آپ کے شباب کا زمانہ تھا۔ یہاں آپ نے "اردو مثنوی شمالی ہند میں" جیسی تاریخی اور ادبی اہمیت کی کتاب تصنیف کی۔ اس کے علاوہ دوسرے کئی اہم موضوعات پر ایک درجن سے زیادہ دستاویزی کتابیں تصنیف کی جن کی تحقیق کر کے

فہرست سازی کی ضرورت ہے۔ تصنیف و تالیف کے علاوہ آپ کا ایک بڑا کارنامہ یہ بھی ہے کہ درس و تدریس کے ذریعہ آپ نے اپنے ادبی گہوارے میں پوری ایک نسل کی تربیت کی ہے۔ آپ کی تعلیم و تربیت نے کئی نامور شخصیات کو پیدا کیا جو اپنے صوبے کا نام پورے ملک میں روشن کر رہے ہیں۔ ان روشن شمعوں کے نام ہیں عزیز قریشی، حسنات صدیقی، پروفیسر آفاق احمد، ڈاکٹر عبد الودود، حنیف نقوی، ڈاکٹر مختار شمیم، فضل تابش، ڈاکٹر اخلاق اثر، اظہر راہی، یونس حسنی، انیس سلطان عزیز انصاری، آفاق حسین صدیقی، رشید قریشی، کوثر صدیقی وغیرہ۔ جین صاحب نے ایک رباعی میں سوال کیا ہے:

تاریک پڑا ہے زندگی کا جنگل
جادے میں مرے شمع جلائے گا کون

آج جب کہ وہ زندگی کی آخری منزل میں ہیں، اس کے جواب میں ہم یقین دہانی کرا سکتے ہیں کہ چراغ سے چراغ روشن ہونے کی روایت کے مطابق ان کے شاگرد ان کے طے کردہ جادے میں ان کی شمع کو ہمیشہ روشن رکھیں گے۔

(۷) ابراہیم ہوشؔ۔۔۔ایک کثیر الجہات شاعر

ڈاکٹر معصوم شرقی

تاریخ ادب اردو اس حقیقت سے بھری ہوئی ہے کہ صحافت اچھے اچھے فنکاروں کو کھا گئی۔ اس کی تفصیل میں نہ جاتے ہوئے میں صرف ابراہیم ہوش کی ادبی شخصیت پر اکتفا کروں گا جو نہ صرف میدان صحافت کے شہسوار تھے بلکہ انھوں نے اپنے گرانقدر ادب پاروں سے عروس غزل کے رنگین آنچل پر جھلملاتے ہوئے تاروں کی مانند پیکر اشعار کے ستارے ٹانک دیئے۔ بنگال میں اردو شاعری کی تاریخ مرتب کرتے وقت ہوش کی خدمات اس کے ہر باب کا ایک روشن عنوان ہوں گی۔

بلند شخصیت کی تعمیر کے لئے نہایت خوبرو، تنومند اور گورا چٹا ہونا قطعی ضروری نہیں۔ اس ضمن میں ماضی تا حال چند برگزیدہ شخصیات کو پیش کیا جا سکتا ہے مثلاً مولانا ابوالکلام آزاد، اعزاز افضل، اشک امرتسری، مظفر حنفی، ملک محمد جائسی، کالیداس، پریم چند، مہادیوی ورما، سنجیو چٹوپادھیا، بمل کار، برناڈ شاہ وغیرہ۔ ابراہیم ہوش کو بھی اسی زمرے میں رکھا جا سکتا ہے۔ کوتاہ قد، چھریرا بدن، آنکھیں چھوٹی لیکن ذہانت سے پر، ستواں ناک، موتی جیسے آبدار دانت، پتلی لیکن کراری آواز، جذباتی تیور، بیباک اور زبان کے سخت، کام کے وقت بھنویں تنی ہوئی لیکن مسکراتا ہوا چہرہ، آہنی عزم سے سرشار، پرکشش شخصیت، چہرے پر رعب اور جلال ایسا کہ متکلم بھی چند ثانیوں کے لئے سانس لینا بھول جائے۔ ان کی عادت تھی کہ وہ بہت کم بولتے تھے اور بولتے وقت مسکراتے

ضرور تھے لیکن جب بولنے پر اتر آتے تو بے تکان بولتے، ہنسنے کا موقع آتا تو دل کھول کر ہنستے اور دوسروں کو بھی ہنساتے۔ جذبات کی شدت کا یہ عالم تھا کہ بسا اوقات ہنستے ہنستے ان کی آنکھیں بھیگ جاتی تھیں اور وہ فوراً رومال کا سہارا لیتے۔ ان کی زندگی کا ایک اہم پہلو یہ بھی ہے کہ وہ ہر شخص سے بے پناہ محبت رکھتے تھے مگر کوئی Snobbery دکھاتا تو اسے برداشت نہیں کرتے یہ نہیں دیکھتے کہ وہ کتنا امیر و کبیر ہے یا اس کا عہدہ کتنا بلند ہے۔ جو شخص ان سے ان کی طرح ملتا وہ بھی اس سے اسی طرح ملتے۔ غرور، گھمنڈ اور اس نوع میں آنے والی کوئی چیز بھی ان کی ذات میں ہرگز شامل نہ تھی۔ نہایت ایماندار اور صاف ستھرے انسان تھے۔ بقول شاعر:

خاکساروں سے خاکساری تھی
سربلندوں سے انکسار نہ تھا

ہوش نے ۱۹۳۳ء میں شاعری کی ابتدا کی۔ وہ ایک فطری شاعر تھے اور تیسری دہائی کے اوائل میں ہی ایک Legendry Figure بن گئے تھے۔ ان کے تعلق سے یہ جملہ مشہور تھا کہ " کلکتے میں ایک ایسا شاعر ہے جو گفتگو بھی شعر میں کرتا ہے۔"

ہوش کی شاعری بنگال میں اردو شاعری کے پورے سفر میں شریک رہی ہے۔ ان کی شاعری ہر شعری تجربہ کی روداد ہے۔ ان کی غزلوں اور نظموں میں ہر دور کے کرب کا اظہار اور تمام رنگوں کی آمیزش صاف طور پر نمایاں ہے۔ ان کی شاعری ایک جانب رضا علی وحشت، ابوالکلام آزاد، آرزو لکھنوی، ناطق لکھنوی، جمیل مظہری، جرم محمد آبادی، بیخود کلکتوی اور نواب دہلوی جیسے کلاسیکی شعرا کے فکر و فن سے اپنا رشتہ استوار رکھے ہوئے ہے تو دوسری جانب ان کی شاعری میں ترقی پسندی کے عناصر بھی صاف دیکھے جا سکتے ہیں۔ ان کی شاعری پرویز شاہدی، سالک لکھنوی، اشک امرتسری، مضطر حیدری اور

مظہر انصاری سے لے کر اعزاز افضل، علقمہ شبلی، قیصر شمیم، مظہر امام، رونق نعیم، ناظم سلطان پوری اور نصر غزالی وغیرہ تک کے شعری سفر میں اپنا ایک خاص مقام رکھتی ہے۔ کمال کی بات تو یہ ہے کہ ہوش کے کلام میں کسی کا رنگ نہیں جھلکتا اور نہ ہی انھوں نے کسی کا اثر قبول کیا بلکہ اپنے لئے ایک الگ راہ بنائی۔ لیکن یہ حقیقت ہے کہ پرویز شاہدی کی شاعری کی جھنکار نے ان کا ادبی رخ موڑ دیا۔ بقول ہوش:

"ترقی پسند شاعری سے میری وابستگی ۱۹۵۶ء کے بعد ہوئی لیکن اس سے پہلے بھی میں نے جو نظمیں اور غزلیں لکھی ہیں ان میں غیر شعوری طور پر ترقی پسند رجحان کی جھلک پائی جاتی ہے۔"

ڈاکٹر ایم اے نصر (مرحوم) کے نام اپنے ایک مکتوب میں ہوش رقمطراز ہیں:

"۱۹۴۴ء میں روزنامہ "اقبال" (بمبئی) اور ہفتہ وار "نظام" (بمبئی) کا ایڈیٹر تھا۔ اس وقت میں نے ترقی پسند ادیبوں کے خلاف ان کی عریاں اور فحش نویسی کے خلاف زبردست تحریک چلائی تھی جس میں بمبئی کے تقریباً سبھی اخبارات اور ہفتہ وار رسائل ملوث ہو گئے۔ ماہر القادری، نخشب جارچوی، آرزو لکھنوی اور اس قسم کے بہت سے لوگ میرے ہمنوا تھے۔ اسی دوران سجاد ظہیر اور کیفی اعظمی سے ملاقات ہوئی۔ کیفی اعظمی میرے دفتر میں روزانہ آتے اور گھنٹوں رہتے۔ کمیونسٹ تحریک کے سلسلے میں بہت سی کتابیں انھوں نے مجھے دیں جن میں سب سے زیادہ متاثر بالشویک پارٹی کی تاریخ نے کیا۔ تب سے میں آج تک مارکسزم کا حامی ہوں۔ ترقی پسند تحریک کا حامی بن گیا اور آج بھی ہوں لیکن میں نے کبھی پارٹی سے وابستگی نہیں رکھی۔"

محنت کشوں اور مزدوروں کی تحریک، سرمایہ دارانہ نظام اور جاگیر دارانہ جبر کے خلاف جب آواز ابھری تو ہوش نے بھی جمہوریت کی حمایت میں فسطائیت کے خلاف

میدان عمل میں آ کر نئی روشنی کا استقبال کیا۔ اس طرح ان کے لئے مقصدیت اور سماجی افادیت کی راہیں کھل گئیں۔ طبقاتی کشمکش، بھوک، افلاس جبر اور عدم اطمینان کی فضا ان کے فن میں نظر آنے لگی۔ عملی سیاست اور کمیونسٹ تحریک سے بڑھتی ہوئی سرگرمیوں کے تحت ہوش کی جیل کو سلاخوں کے پیچھے قید و بند کی صعوبتیں اٹھانی پڑیں۔

ہوش کی شاعری میں ترقی پسند تحریک کے صالح عناصر کی موجودگی خوش کن ہے۔ انھوں نے میر و غالب سے متاثر ہو کر روایت میں جدت کا پہلو برقرار رکھا۔ ہوش نے فیض کی طرح استعارہ و کنایہ کا نیا علامتی نظام تو نہیں قائم کیا لیکن ان کے اشعار میں نئے مفاہیم کی ترسیل بطرز احسن ہوتی ہے۔ ان کی غزلیہ شاعری میں تغزل کا خوشگوار آہنگ پایا جاتا ہے۔ بعض ترقی پسندوں کی طرح ان کا لہجہ کھردرا نہیں ہے بلکہ ان کی غزلوں میں ترنم کا حسن موجود ہے۔ درج ذیل اشعار سے میرے خیال کی تائید ہوگی:

ہر رہگذر پہ شمع جلانا ہے میرا نام
تیور ہیں کیا ہوا کے یہ میں دیکھتا نہیں

عمر بھر ہوش مفلسی کی قسم
کوئی زریں گناہ کر نہ سکا

آج زنداں میں اسے بھی لے گئے
جو کبھی اک لفظ تک بولا نہیں

دیوار کیا حریف شوق نظارا ہوئی

زنداں میں بھی نظر نے روزن بنالیا ہے

اوڑھ لی حق نے ردائے مصلحت
کوئی قاتل اب یہاں ننگا نہیں

میں وہ نہیں کہ زمانے سے بے عمل جاؤں
مزاج پوچھ کے دار ورسن سے ٹل جاؤں

یہ آرزو ہے بنوں نقش پا ہر اک کے لئے
اندھیری رات میں بن کے چراغ جل جاؤں

مقتل سے رخ بدل کے جو بھاگے وہ مر گئے
وہ زندہ ہیں جو سر سے کفن باندھ کر چلے

دعوت جوان کو رات نے دی چاندنی کے ہاتھ
کپڑے بدل کے سارے نقیب سحر گئے

میں یاد کر رہا تھا نشیمن کی زندگی
صیاد اس کی راکھ مرے منھ پہ مل گیا

اے ہوش رات کتنی ہی تاریک کیوں نہ ہو
سوز دروں سے روشنی پیدا کریں گے ہم

وہ شب پرست بنیں، شب گزیدہ ہیں جو ہوش
نقیب صبح ہوں میں کس طرح بدل جاؤں

ہر بول سچ کا موجب آزار ہو گیا
جو حرف حق بلند ہوا دار ہو گیا

یوں آئے ہیں اندھیرے اجالے کے بھیس میں
جیسے میں چہرہ صبح کا پہچانتا نہیں

جو چمن میں لوٹتے پھرتے تھے سامان بہار
آج انہی کو پا رہے ہیں ہم نگہبان بہار

محولہ بالا اشعار ترقی پسند ادب کا بہترین نمونہ ہیں۔ زندگی کے کھردرے حقائق کا شاعرانہ بیان ہوش کا وصف ہے۔ بالخصوص دوسرا شعر ہماری بھرپور توجہ کے قابل ہے۔ گناہ اور خدا کی رحمت کے تعلق کو تو بہت سے کلاسیکی شعرا نے موضوع بنایا ہے لیکن غربت کی وجہ سے رنگین گناہوں سے محروم رہنے کا بیان ہوش ہی کا حصہ ہے۔ سچ تو یہ ہے کہ ترقی پسند شاعروں میں بہت کم ایسے شاعر ملیں گے جن پر فیض کا اثر نہ پڑا ہو۔ ہوش کے یہاں بھی فیض کے ڈکشن اور نغمگی کا اثر صاف دیکھا جا سکتا ہے۔ ان کے یہاں

انقلاب کا تصور بڑے نکھرے ہوئے انداز میں ملتا ہے۔ ہوش اپنی زندگی کے ہر دور میں کلکتہ کی ادبی سرگرمیوں کا سرچشمہ بنے رہے۔ ان کی غزلیں اور نظمیں مزدوروں اور محنت کشوں سے خوب داد و تحسین حاصل کرتی رہیں۔ بقول سالک لکھنوی:

"۱۹۵۲ء میں مزدوروں کا علاقہ تپلنی پاڑہ (ہوگلی) میں ایک مشاعرہ تھا۔ وہاں ابراہیم ہوش نے اپنی نظم "سوشلسٹ سماج" سنائی۔ اس نے چھتیں اڑا دیں۔ اس کے بعد میری نظم "کھلونا" بس کھلونا بن کر رہ گئی۔"

ہوش ایک بیدار ذہن اور حساس فنکار تھے۔ معاشرے کی کجروی، کم اندیشی، خود پروری اور ہوس پرستی کے بڑھتے ہوئے رجحان کو انھوں نے شدت سے محسوس کیا۔ ان کی شاعری میں ان کے عہد کی سچائیاں جابجا ملتی ہیں۔ کلاسیکی شاعری، ترقی پسند شاعری، نیم ترقی پسند شاعری اور جدید شاعری کے ہوش نہ صرف مزاج سے واقف تھے بلکہ ان کے مثبت عناصر کو انھوں نے فراخ دلی سے قبول بھی کیا تھا۔ بقول ہوش:

"جدید شاعری کے متعلق میرا رویہ ہمدردانہ ہے اور میں اسے اچھی چیز سمجھتا ہوں۔ خاص طور پر جدید شاعری نے زبان کو جو نیا اسلوب دیا ہے اور نئی وسعت عطا کی ہے اس کی دل سے قدر کرتا ہوں۔"

جدیدیت نے نظریاتی سطح پر انتشار ذات، عدم تحفظ، خوف، بے گھری اور خاندانی رشتوں کی پامالی جیسے موضوعات کو شاعری میں عام کیا، ہوش نے بھی ان موضوعات کو اپنی غزلوں اور نظموں کے وسیلے سے بیان کیا۔ چند اشعار ملاحظہ فرمائیں:

یہ کس جہاں کے لوگ ہیں پہچانوں کس طرح
موجود سارے عضو ہیں چہرے مگر نہیں

یاروں نے لے لیا مجھے اپنے حصار میں
میرا وجود حافظہ بن کر سکڑ گیا

اب کوئی بھول کر بھی نہیں ڈالتا نظر
چہرہ مرا پڑھا ہوا اخبار ہو گیا

کل رات شہر دل پہ جو گذرے تھے حادثے
چسپاں ہیں آج چہرے پہ اخبار کی طرح

محولہ بالا اشعار ہوش کی زندگی کا آئینہ اور تجربہ ہیں۔ وہ زود گوئی کے قائل نہیں تھے۔ جب بھی کوئی حادثہ ان کے دل کو چھولیتا یا جذبے کی شدت سے مغلوب ہوتے تو فوراً اس جذبے کے زیر اثر غزل مکمل ہو جاتی۔ ہوش نے اپنے شعری قدروں کو سیاست کی گندگی سے ہمیشہ بچائے رکھا۔ ان کی شاعری میں شکست خوردگی اور پسپائیت پیدا نہیں ہوتی بلکہ اس میں رچاؤ، لوچ اور نزاکت ملتی ہے۔ انھوں نے گہرے مشاہدے، نفسیاتی بصیرت اور فنی صلاحیتوں سے اپنے فن کو دوام بخشا۔ ہوش نے بعض ایسے اشعار بھی کہے ہیں جو اپنے تخلیق کار سے زیادہ مشہور و مقبول ہوئے مثلاً:

ہر رہگذر پہ شمع جلانا ہے میرا کام
تیور ہیں کیا ہوا کے یہ میں دیکھتا نہیں

عمر بھر ہوش مفلس کی قسم
کوئی زریں گناہ کر نہ سکا

روتے روتے مرے ہنسنے پہ تعجب نہ کرو
ہے وہی چیز مگر دوسرے انداز میں ہے

ان ہزاروں میں اور آپ؟ یہ کیا
آپ جو ایک تھے ہزاروں میں

کچھ کہو، کچھ سنو، کی ریت گئی
اب کہو، کہتے جاؤ، کچھ نہ کہو

باقی رہا نہ ترک تعلق کا بھی فریب
اک اک سے میرے بارے میں وہ پوچھتے رہے

وہ خزاں تو سب نے دیکھی جو بلائے گلستاں تھی
یہ شگوفہ کون دیکھے جو بہار میں کھلا ہے

اب کوئی بھول کر بھی نہیں ڈالتا نظر
چہرہ مرا پڑھا ہوا اخبار ہو گیا

ہوش کی ابتدائی دور کی نظمیں قوم پرستی کے جذبے سے معمور ہیں۔ تحریک آزادی کی فیصلہ کن جنگ کا زمانہ اور کلکتہ میں مجاہدین آزادی کے رہنماؤں کی موجودگی نے ہوش کی انقلابی شاعری کو خوب جلا بخشی۔ ان کے ابتدائی دور کی نظموں میں موت، روح، پیغام

عمل، عرض تمنا، سرخ سرسبز، دوزخ، طوفان، یزیدی فوج اور عزم وغیرہ بہ تخصیص قابل ذکر ہیں۔ ہوش کی غزلوں کی طرح ان کے دور جدید کی نظمیں بھی کامیاب ہیں۔ لیکن ان کی نظمیں غزلوں کی توسیع نہیں ہیں۔ عورت، آج اور کل، کاغذی سوشلزم ہوش کی شاہکار نظمیں ہیں۔ بنگال میں ۱۹۴۲ء کے قحط سے متاثر ہو کر انھوں نے ایک شاندار نظم لکھی جس کا عنوان "آج اور کل" ہے۔اس میں قحط سے متاثر بھوکے غریب اور مجبور انسانوں کی بے کسی و مفلسی کو موضوع بنایا گیا ہے۔ نظم میں ہوش کے صادق جذبے کا اظہار موثر طور پر ہوا ہے۔ نظم "عورت" میں ہوش نے سماج میں عورت کے روایتی کردار کو موضوع بنایا ہے۔ آج کی عورت بھی اسی استحصال کا شاہکار ہے۔ ہوش نے "کاغذی سوشلزم" ۳ دسمبر ۱۹۵۵ء میں کہی تھی۔ یہ نظم سیاسی طور پر اہمیت کی حامل ہے۔اس میں انھوں نے Decorative Socialists کا مذاق اڑایا ہے اور ان پر عوام کو دھوکہ دینے اور گمراہ کرنے کا بھی الزام لگایا ہے۔ وہ کہتے ہیں کہ یہ لوگ صرف خیالوں میں سماج بدلتے ہیں۔ ان کے پاس محض خواب ہی خواب ہے اور عمل کہیں بھی نظر نہیں آتا۔ ایسے وقت میں جب ترقی پسند ادبا و شعرا کو پارٹی لائین پر چلنے پر مجبور کیا جارہا تھا، ہوش کی یہ نظم ان کی سچائی اور پر عزم حوصلے کی مظہر ہے۔اس کے علاوہ نظم کے بین السطور میں کمیونزم کے زوال کی طرف بھی اشارہ کیا گیا ہے۔ ہوش کی اس نظم کو ساحر کی نظم "لینن ۱۹۷۰ء-۱۹۱۷ء" پر زمانے کی برتری ضرور حاصل ہے۔ ساحر نے بھی اپنی نظم کے دوسرے حصے میں کمیونزم کے زوال کی پیشن گوئی کی ہے لیکن ہوش کی طرح ساحر کا لہجہ بھی دبا ہوا ہے۔اس موضوع پر نظم کہنے کا سلیقہ ترقی پسندوں میں صرف ہوش کو ہی ہے۔

کلکتہ کی ایک خاص بول چال کی زبان ہے جس کو عرف عام میں "کلکتیا زبان" کہا جاتا ہے، ہوش اس زبان کے ماہر تھے۔ ۱۹۵۹ء میں کلکتیا اردو میں مجموعہ کلام "جندگی کا

میلہ "کتابی صورت میں شائع ہوا۔ ۱۹۴۶ء میں "سخنوران بنگال" کے نام سے شعرائے بنگال کا تذکرہ مسلسل نظم کی صورت میں لکھا تھا جو روزنامہ "اقراء"(کلکتہ) میں قسط وار شائع ہوا۔ ۱۹۸۳ء میں "محمڈن اسپورٹنگ ماضی تا حال" روزنامہ "اقراء"(کلکتہ) میں قسط وار شائع ہوا۔ اس کے علاوہ "یادوں کے جھروکے "(خود نوشت سوانح عمری) روزنامہ "اقراء"(کلکتہ) میں قسط وار شائع ہوا۔ ہوش کے ادب پارے بلاشبہ اردو میں اضافے کی حیثیت رکھتے ہیں۔ انھوں نے کسی اخبار یا رسالے کو بغرض اشاعت اپنا کلام نہیں بھیجا۔ کبھی ستائش کی تمنا اور صلے کی پروا نہیں کی۔ ان کی زندگی میں ایک وقت ایسا بھی آیا جب ان کی صحافت شاعری سے کہیں آگے نکل گئی۔ بعض لوگ یہ کہتے ہیں کہ ان کی صحافت نے ان کی شاعری کا قلعہ قمع کر دیا مگر مجھے اس بات سے انکار ہے۔ وہ ہمیشہ ایک اچھے اور قابل اعتبار شاعر رہے۔ انھوں نے ساری زندگی صحافت کی روٹی کھائی اور دوسرے کسی پیشہ کو معاش کا ذریعہ نہیں بنایا۔ وہ درجنوں اخبارات و رسائل کے مدیر رہے اور پچاس ساٹھ برس تک اپنے قلم کا جوہر دکھاتے رہے۔

۱۹۷۳ء میں فنٹائی چیمبر (کلکتہ) میں "جشن ابراہیم ہوش" کا انعقاد کیا گیا جس میں راقم الحروف بھی شامل تھا۔ اس موقع پر اردو کی مقتدر شخصیتوں نے (ڈاکٹر ظ انصاری، حسن کمال، عزیز قیسی، صبا افغانی وغیرہ) ہوش کی پہلو دار شخصیت اور شاعری پر روشنی ڈالتے ہوئے زبردست خراج عقیدت پیش کیا تھا۔ ڈاکٹر ظ انصاری نے کہا تھا:

"ہوش صاحب اگر چاہتے تو غیر ایماندارانہ صحافت کے ذریعہ روپوں سے کھیل سکتے تھے۔ لیکن انھوں نے ایماندارانہ صحافت کا دامن ہاتھ سے جانے نہیں دیا۔"

بنگال میں اردو شاعری کی تاریخ مرتب کرتے وقت ہوش کی خدمات سے صرف نظر کرنا ناممکن ہے۔ اردو کے ناقدین نے ان کی انفرادیت اور امتیازی خصوصیات پر توجہ

نہیں دی، ان کو وہ مرتبہ نہیں مل سکا جس کے وہ مستحق تھے۔ بقول سالک لکھنوی:

"١٩٣٣ء سے ١٩٨٨ء تک بنگال کی اردو تاریخ میں جو نام لازوال رہا اور جس کا احترام ہمیشہ کیا جاتا رہے گا وہ ابراہیم ہوش کا نام ہے۔۔۔"!!

(۸) عصری تقاضوں کا شاعر۔۔۔ ساغر وارثی

مدہوش بلگرامی

مشینی دور میں اتنی فرصت میسر نہیں کہ اپنا قیمتی وقت گنوا کر کسی شعری مجموعہ کا بغور مطالعہ کریں پھر یہ شرط بھی نہیں کہ کوئی شعر دل کو چھو ہی جائے مگر کتابوں کی اشاعت و طباعت کی بھیڑ بھاڑ میں بھاری تعداد شعری مجموعوں کی ہی نظر آتی ہے چوں کہ غزل کی وسعت و مقبولیت کا یہ عالم ہے کہ بچے سے بوڑھا تک اپنے خیال و فکر اور جذبات کو غزل کے وسیلے سے ہی پیش کرنا چاہتا ہے۔ وجہ یہ ہے کہ غزل ایک ایسا چشمہ ہے کہ جس کے بغیر زندگی میں خوشگواری کے تصور کا امکان ممکن نہیں اسی لئے شاعر غزل کے دامن میں ہی پناہ لیتا ہے۔ ہماری اردو شاعری میں غیر اردو ممالک کی صنفیں بھی داخل ہو کر اپنی جڑیں مضبوط کر چکی ہیں اور شعرا کرام کی معصومیت دیکھئے کہ غیر ملکی صنفوں میں طبع آزمائی کر کے خود کو کامیاب اور معتبر شاعر تصور کر رہے ہیں اور اس کی آبیاری کیلئے اپنا خون دل صرف کر رہے ہیں مگر غزل جو نرم دل بھی ہے اور سخت جان بھی۔ جسے نیم وحشی، بے وقت کی راگنی اور قابل گردن زنی جیسے القاب سے پکارا گیا۔ اس کا پرچم ہر دور میں پایۂ اعتبار تک بلند رہا اور آج بھی سلاست روی سے لہرا رہا ہے۔ غزل نے اپنی قدیمی بنیادوں پر قائم رہ کر اپنی شیرینی اور نازک مزاجی کی بناء پر مخالفین اور ناقدوں کو زک پہنچائی ہے۔

قابل ذکر بات یہ ہے کہ غزل کی نازک مزاجی اور معصومیت نے کسی کو بھی مایوس

نہیں کیا وہ مبتدی ہو یا معتبر شاعر۔ غزل نے سبھی کو اپنے آنچل میں پناہ دی ہے غزل چوں کہ فکر و فن کی معراج ہے اس لئے قلم کا جان دار اور شمشیر کی طرح دھار دار ہونا ضروری ہے اور جو قلمکار فکر کی باریکیوں کو سمجھنے کی صلاحیت رکھے۔ مشق و مزاولت سے غزل کے رموز و علائم پر قدرت اور اس کی غزلیں رمزیت اور ایمائیت کی حدیث ہوں اور اپنے زور قلم سے کرب و اذیت۔ بے کسی اور مسائل کے کوہساروں کو اپنے الفاظ میں اس خوبی سے پیش کرے کہ فکر کا کھردرا پن ایک ایسی تاثیر کا احساس دلائے جس سے دل و نظر متاثر ہو جائے۔ جن کے یہاں یہ خصوصیت جگہ پاتی ہوں انہیں کو کمال فن حاصل ہوتا ہے۔ ساغر وارثی کے تخلیقی پاروں اور ان کے نوک قلم میں یہ عناصر موجود ہیں۔ ان کی قدر و منزلت اعتبار کی حدوں سے بالاتر ہے۔ ان کی غزلوں کے حوالے سے یہ دعویٰ کیا جا سکتا ہے کہ وہ پختہ غزل گو استاد شاعر ہی نہیں بلکہ حکیم سخن ہیں وہ اپنی فکری ہیئت اور اسلوب کی طلسم کاری سے پہچانے جاتے ہیں۔ ان کی غزلوں میں ان کے تجربات، مشاہدات اور پاکیزہ خیالات کا لہو منفرد رنگ بھرتا ہے۔ کلام کے مطالعہ سے عمر کی پختگی اور احساسات و جذبات کی دیانت داری کا احساس ہوتا ہے۔ انھوں نے غزل کے ہمراہ اپنی عمر کا طویل حصہ گزارا ہے۔ تبھی تو انھوں نے ایسی غزلیں تخلیق کی ہیں جن میں عہد کی محرومیاں، سوز و گداز، کرب احساس اور مسائل کی کڑواہٹ، زندگی کا بکھراؤ طنز کی صورت میں نمودار ہے۔ بچھڑنے کا درد، آگ اگلتے لمحوں کی کرچیاں، اقدار کی پامالی، تہذیب کے آئینے کے ٹوٹنے کی آوازیں، زخموں کا شعلگی اور زنجیر دوستاں کا غضب مئی جون کی دوپہر کی دھوپ کی طرح جھنجھوڑ کر پسینہ پسینہ کرتا ہے:

آگ پانی میں لگی تو سب پرندے اڑ گئے
شام تک خورشید سطح آب پر جلتا رہا

باتیں کرتے ہیں صنم پتھر کے
دست آزر کو دعا دی جائے

عین ممکن تھا مرے غم کا ازالا ہونا
تم نے مفہوم خموشی تو نکالا ہوتا

سرگرم تجسس میں کناروں کی نگاہیں
گرداب میں اک موج رواں ڈوب گئی ہے

سنتے ہی نہیں ٹوٹتے لمحوں کی صدائیں
اس شہر کے انسان کہیں بہرے تو نہیں ہیں

پچھلے برس تو زنجیروں نے سعی و طلب سے دور رکھا
اب کے ایسی ہمت ہارے خواب سنہرے بیچ دیئے

تہذیب رو رہی ہے خوش رنگ محفلوں میں
عریاں کئے ہے سب کو یہ قہقہوں کی چلمن

صبح ہوتے ہی ہر اک خواب طرب ٹوٹ گیا

پھر میں کتنے ہی مسائل میں گرفتار ہوا

ساغر وارثی ایک سنجیدہ شاعر ہیں۔ بہت ہی ناپ تول کر اپنی بات کا اظہار کرتے ہیں وہ کل کی سچائیوں کی تلخی اور آج کے مسائل کی چبھن کا بیان اس سلیقے سے کرتے ہیں کہ زمانے کا عروج و زوال اس کی تازہ کاری پر اپنا عکس ڈال کر دھندلا نہ کر سکے۔ ان کی غزلوں میں کلاسیکی عناصر ان امکانات کی تلخی کا اظہار کرتے ہیں جس سے نئی جہتوں کی کلیوں کی خوشبو کا گمان ہوتا ہے اور جن ناہمواریوں کی ترجیحات نے انسانوں کی زندگی کو اپنے حصار میں لے لیا ہے ساغر وارثی جیسا حساس دل شاعر بھی دوچار ہوا ہے مگر اس کی شعلگی سے شاعر نے اپنے قوت احساس اور فکر کو مجروح نہیں ہونے دیا بلکہ حوصلہ مندی سے اور بھی مضبوط بنا دیا اور ان کے اندر کے تخلیق کار نے لب کشائی کی تو ساغر وارثی کی غزلوں میں نئی آب و تاب بھر دی اور سنگھار کر کے جب شعر و ادب کے علمبرداروں کے بیچ پہنچی تو نئی نویلی دلہن خیال کی گئی۔

بلاشبہ ساغر وارثی نے اپنی بات کو منظر عام پر لانے کے لئے شاعری کو ہی بہتر سمجھا۔ ان کے انداز بیان اور لب و لہجہ میں قطرۂ شبنم کی تاب جیسی توانائی ہے وہ اسلوب کے جادوئی فارمولے سے حالات کی بے مہری، انتشاری، اذیت، شب و روز کی گھن گرج، گرد و پیش کی تشکیک کا رونا چابکدستی سے کرتے ہیں چوں کہ وہ حکیمانہ مزاج کی بھی صلاحیت رکھتے ہیں اس لئے ان کی غزلوں میں سب کچھ فنی باریکیوں کی صورت میں ہے ان کے یہاں جہاں ٹوٹنے بکھرنے کا درد ہے۔ شکست و ریخت کا عنصر ہے وہیں موسم کی بدن نوچتی دھوپ کی سختی اور چھالوں کے پھوٹنے کا ذکر ہے۔ شام کی سیاہی، کرب تنہائی کا بیان ہے تو انسانی زندگی کی تلخی اور بدلتی ہوئی قدروں اور کائنات کی زہرناکی کا عرق بھی ان کی غزلوں کے نچوڑ میں دیکھا جا سکتا ہے۔ شعر ملاحظہ کریں:

سہمے ہوئے طائر ہیں شجر کانپ رہے ہیں
آتے ہوئے طوفاں کی آہٹ کو سنو تو

بے حسی چھوڑ بدلتی ہوئی قدروں کو سمجھ
غیر ممکن مجھے آسودگی پتھر سے ملے

غرور ٹوٹا ہے اس کا مری لگاوٹ سے
گماں یہ ہوتا ہے ہونٹوں کی کپکپاہٹ سے

وابستہ ادراک جنوں ہونے لگا ہے
ہر گام پہ احساس کا خوں ہونے لگا ہے

تم بہت نازاں تھے اپنی دل ربائی پہ مگر
آئینے کے سامنے کیوں بن کے پتھر رہ گئے

جواب تلخ ملے گا یہ کب خیال ہوا
سوال کرکے میں شرمندۂ سوال ہوا

جو ہاتھ میں نے جلا ڈالے نامرادی میں
تجھے نوشتۂ مقسوم کیا بتائیں گے

احساسات و جذبات کی سنگینی اور جو لہو ساغر وارثی کی غزلوں میں گردش کرتا ہے اس میں ہماری اپنی ہی بکھرتی ہوئی قدروں کی راگنی کی آہٹ ہے لاوارث بچوں کی آہیں، بیواؤں کی کراہیں اور بکھرتے ہوئے انسانی کرداروں کی ترجمانی بھی ساغر وارثی کی غزلوں میں ہے۔ دراصل شاعر کی یہ خصوصیت کہ وہ نئی جہتوں کو ترجیح دیتا ہے۔ وہ اپنی غزلوں کا خمیر تہذیبی رویوں اور عصری مسائل کے تیکھے پن سے تیار کرتا ہے وہ حقیقت بیانی پر عمل کرنے والوں کا پیروکار ہے۔ تجربات کا اچھوتا پن، مشاہدات کا البیلا پن فکر کی انفرادیت اور زبان و بیان کی تموج غزلوں میں تاثر اور کیفیت کے نئے نئے دریچے کھولتا ہے۔ اسے جھٹلایا نہیں جاسکتا کہ ساغر وارثی نے زندگی کا مختلف زاویوں سے جائزہ لیا ہے انھوں نے جن بولتی ہوئی قدروں کا خاکہ کھینچا ہے وہ ہماری زندگی کے نیم بسمل تہذیبی رویوں سے قریب ہیں اور شب و روز تباہی مچانے والے طوفانوں کے تھپیڑوں کی نمائش کا جائزہ پیش کرتے ہیں۔ بے شک میں یہ کہوں گا کہ ساغر وارثی کی شاعری میں ایسے وصف موجود ہیں جن کی بناء پر اچھی شاعری کا دعویٰ کیا جاسکتا ہے:

الجھا دیا نظر نے غم کائنات میں
جب حفظ ہم کو زیست کے اوراق ہو گئے

گرمی شدت افکار سے جلتے کیوں ہو
سر برہنہ تو پھر دھوپ میں چلتے کیوں ہو

طلوع صبح کی تاریخ کون لکھے گا
نمود صبح سے لرزاں ہیں قطرے شبنم کے

آئینے پہ رہ رہ کے بکھرتی ہے دھنک سی
اشکوں کا تسلسل ہے کہ یہ سلک گہر ہے

یوں بھی دست سوال اٹھ نہ سکا
فکر نام و نسب رہی ہے مجھے

ارماں سلگ رہے ہیں احساس کی چتا میں
ودھوا بنی کھڑی ہے فکر و نظر کی جوگن

قدم قدم پہ سرابوں کے سلسلے ہیں مگر
نظر ہے محو سفر جستجو کی راہوں میں

غم کا سیلاب رواں ہو جیسے
دل پہ ہر لمحہ گراں ہو جیسے

مغل بادشاہ شاہجہاں کے دور اقتدار میں جس کو فتح کر کے افغانستان سے قبیلے لا کر آباد کئے گئے اور اس بستی کا نام شاہجہاں پور رکھا گیا۔ ساغر وارثی کا تعلق اسی خطے سے ہے۔ قابل ذکر بات یہ ہے کہ آغاز سے ہی یہ خطہ علم و ادب کا مرکز رہا۔ میں آپ کو تاریخ کے صفحوں میں الجھانا نہیں چاہتا صرف اتنا عرض کروں گا کہ شاہجہاں پور کا نام آتے ہی اعتبار الملک دل شاہجہاں پوری کی بے پناہ خدمات اور ادبی کارناموں کا ذکر مقصود ہو جاتا ہے۔ دل صاحب نے جو شعری فضا بنائی اور جو ادبی ماحول تیار کیا۔ اپنی محنت سے

شعر و شاعری کے ایسے چراغوں کو اپنے لہو سے روشن کیا کہ یہ دعویٰ پختگی کی سرحدوں کو کب کا پار کر چکا ہے کہ شاہجہاں پور میں اچھی شاعری اور معتبر شعرا و اساتذہ ہر صدی اور ہر دور میں جنم لیتے رہیں گے۔ یہاں پر یہ بھی تحریر کرنا ضروری ہے کہ ساغر وارثی کو عابد مینائی (شاگرد رشید اور جانشیں دل شاہجہاں پوری) سے شرف تلمذ حاصل ہے وہ ۴۷ برس سے غزل میں طبع آزمائی کر رہے ہیں۔ باقاعدہ شاعری کے سفر کا آغاز ۱۹۵۶ء میں ہوا جوان کے کھیلنے کودنے اور طالب علمی کا زمانہ تھا۔ ۱۳ اگست ۱۹۳۸ء کو ضمیر احمد خاں کے گھر کو منور کرنے والے ارشاد احمد خاں، ساغر وارثی ہی تھے۔ ان کا اولین مجموعہ شاعری "ارتقاء" ۲۰۰۲ء میں کافی تاخیر سے منظر عام پر آیا۔ اب تک تو کئی مجموعوں کی اشاعت ممکن تھی۔ ساغر وارثی کا شمار شاہجہاں پور کے اساتذہ میں ہوتا ہے وہ خوش دل اور سادہ مزاج انسان ہیں۔ کلام ترنم سے بھی خوب پڑھتے ہیں۔ لکھنو ریڈیو کے علاوہ کئی تاریخی کل ہند مشاعروں میں شرکت کر چکے ہیں۔ محنت اور لگن سے کئی شعرا کی تربیت بھی کی۔ جن میں صاحب دیوان اور معروف شعرا ہیں۔ مختصر یہ کہ بلاشبہ ساغر وارثی کی شاعری اور شخصیت قابل تحسین اور لائق مطالعہ ہے۔

(۹) رفیق شاکر: جھنجھٹ کی شادی ایک جائزہ

خالد یوسف

مرزا رفیق شاکر ایک خوش فکر شاعر ہونے کے ساتھ ساتھ منجھے ہوئے نثر نگار بھی ہیں۔ طنز و مزاح ان کی فطرت ثانیہ ہے۔ کتاب زیر نظر جھنجھٹ کی شادی کے علاوہ بہت سے دوسرے چھوٹے چھوٹے فکاہیوں پر مشتمل ہے جس میں قدم قدم پر مصنف کی ذاتی زندگی کی جھلکیاں نظر آتی ہیں اور بہت سے دلچسپ کرداروں سے سابقہ پڑتا ہے۔ کتاب ۱۴۲ صفحات پر مشتمل ہے اور مصنف نے اس کا انتساب اپنے والد محترم مولوی حمید مرزا، استاد حفیظ اللہ خان اور ضیا الحق خان کے نام کیا ہے۔ کتاب کے تعارف میں ڈاکٹر یوسف خان افغانی سابق پرنسپل گورنمنٹ کالج بلڈانہ مصنف کے بارے میں رقمطراز ہیں :

"وہ بہترین طنز و مزاح نگار ہی نہیں اچھے شاعر، بہترین مقرر، خوش مزاج با اخلاق ساتھی، مخلص اور ہمدرد دوست اور اچھے انسان بھی ہیں۔ ان کے تحقیقی مضامین، ادبی خاکے ، سفرنامے ، مذہبی مباحثے ، تنقیدی مضامین، نعتیہ کلام اور غزلیات برصغیر کے اخبارات و رسائل میں شائع ہو کر اور ریڈیو اسٹیشن سے نشر ہو کر مقبولیت حاصل کر چکی ہیں۔"

مشہور ماہر غالبیات آنجہانی کالیداس گپتا رضا ان کے بارے میں فرماتے ہیں:

"رفیق شاکر کی تحریریں سادہ، رواں دواں اور طنز و مزاح سے بھرپور ہیں جو

مطالعے کے دوران کبھی مسکرانے پر اور کبھی مضطرب ہونے پر مجبور کرتی ہیں۔ انھوں نے معاشرے کے مسائل اور افراد کی خامیوں کی نہایت اچھے ڈھنگ سے نشاندہی کی ہے اور طنز و مزاح کی مدد سے ان کا علاج کرنا چاہا ہے۔ وہ بہت حد تک اپنے مقصد میں اس لئے کامیاب ہوئے ہیں کہ ان کی تحریریں دلچسپ ہیں۔"

رفیق شاکر ہمدردی اور خلوص کے ارفع جذبات سے بھرپور ایک ماہر طبیب اور سرجن کی طرح طنز و مزاح کے نشتر کچھ اس طرح چبھوتے چلے جاتے ہیں کہ مریض درد سے چیختا بھی نہیں اور اسے آرام بھی آجاتا ہے۔ مکمل علاج کا دعویٰ نہ رفیق شاکر کو ہے نہ ہمیں اور نہ مریض کو کہ اسباب مرض انتہائی گہرے ہیں اور شاید اس کے لئے کسی مہدی یا عیسیٰ کی ضرورت پڑے۔ مختلف خاکوں میں جگہ جگہ ان کے خندۂ زیر لب کے ساتھ چٹکی لیتے ہوئے تبصرے فلسفیانہ غور و فکر کے نئے دروازے کھول دیتے ہیں۔ مثلاً ایک خاکہ "حسینۂ عالم" میں وہ کہتے ہیں: "طبیعت کے لحاظ سے بھی وہ فرانس و برطانیہ کی سرحد پر واقع ہوئی تھی اس لئے کردار کے داغ سے زیادہ کپڑوں کے داغ کی فکر رکھتی تھی۔ وہ اس بات سے بخوبی واقف تھی کہ زائرین وسیع دامانی سے بیزار رہتے ہیں اس لئے لباس کو اختصار کی طرف مائل کر رکھا تھا۔ لہٰذا اگلا انگریزی "V" کی طرح سرحد تک کھلا ہوتا تو گردن انگریزی "U" کی طرح سرحد پار کر چکی ہوتی۔ اس طرح قوسین کا مکمل ظہور معمولی سی چھینک کا مرہون منت ہوتا۔"

ایک اور دلچسپ فکاہیہ "حسینہ کا تبادلہ" میں بڑے خوبصورت انداز میں وہ فرائیڈ اور مارکس کی کشتی کرا دیتے ہیں۔ ملاحظہ کیجئے: "اسی طرح ہمیں حیاتیات کے لکچرر کا وہ تجربہ بھی یاد آگیا جو انھوں نے بھوکے چوہے پر کیا تھا کہ ایک پنجرے میں چوہیا اور کچھ خوراک رکھ کر اس میں بھوکے چوہے کو چھوڑ دیا۔ چوہا خوراک کی طرف لپکا اور لیکچرر نے

اپنی کامیابی پر خوشی کا اظہار کرتے ہوئے فرمایا کہ "پیٹ کی بھوک سب سے اہم ہوتی ہے لیکن ایک طالب علم نے کہا سر آپ چوہیا بدل کر تو دیکھیں، کہہ کر تجربے کی ناکامی کی دلیل پیش کر دی۔"

خاکہ "کامریڈ شیخ چلی" کچھ اس طرح اڑاتے ہیں: "علمی و ادبی گفتگو شروع ہو جاتی تو باغبانی، گلہ بانی اور زراعت جیسے موضوعات شروع کر دیتے۔ مقصد یہ ہوتا کہ حریف کو ایسے میدان میں کھینچ لیا جائے جس سے وہ قطعاً نابلد ہو تاکہ کم از کم اس میدان میں تو فتح پائی جاسکے۔"

خاکہ "جنرل ڈائر دوم" کی تصویر کشی کرتے ہوئے لکھتے ہیں: "آپ گھر سے روانہ ہوتے تو بالکل اس طرح جیسے سکندر دنیا سے گیا تھا۔۔۔ دونوں ہاتھ خالی۔ لیکن دورہ کر کے واپس لوٹتے تو نادر شاہ درانی کی طرح پسماندگان کو قتل عام کی تکالیف میں مبتلا کرتے ہوئے تخت طاؤس اور مال غنیمت لے کر واپس لوٹتے تھے۔"

اس کتاب میں "ڈیڑھ ممبر کی انجمن" ان کا سب سے دلچسپ فکاہیہ ہے اور بے حد سبق آموز بھی۔ اس میں ایک جگہ کہتے ہیں: "پہلے قطرے کے گہر ہونے تک قطرے پر کچھ ایسے گذر جاتی کہ چچا غالب کو بھی زلف کے سر ہونے تک جینے کی امید نہ رہتی لیکن آج کل تو ہر قطرہ خود کو گہر سمجھنے لگا ہے اور خود کو گہر ثابت کرنے کے لئے ضرورت ہے صدر، معتمد یا کنوینر بننے کی جس کے لئے انجمن کا ہونا بھی ضروری ہے اور انجمن تک پہنچنے کے لئے قطرے کے پاس چار پیسے ہی آجانا کافی ہے۔" اسی مضمون میں ایک اور جگہ کہتے ہیں: "ادبی انجمنوں کا زور اس کثرت سے ہے کہ ہمارے پچاس گھر کے محلے میں پینتیس (۳۵) انجمنیں سرگرم عمل ہیں۔ کسی صاحب ذوق نے انجمن پاسبان ادب کی تشکیل کی۔ اب اس انجمن کی حمایت کے بجائے انجمن باغبان ادب، انجمن بے زبان ادب

جیسی سوتیلی انجمنوں کا قیام ظہور پذیر ہوا۔ ملا عبد الحکیم نے اپنے پیشے کے مد نظر انجمن گاؤ زبان ادب کی بنیاد ڈالی تو عبد القدیر پان فروش نے انجمن پیکدان ادب کی تشکیل کی اور اسی کی نقالی کرتے ہوئے محمد اسیر شکاری نے انجمن خر گوشان ادب کا سنگ بنیاد رکھا۔"

اپنے بے حد دلچسپ فکاہیے " جھنجھٹ کی شادی" میں کہتے ہیں: "جب پانی سر سے اونچا ہو گیا تو ہم نے کہا جھنجھٹ میاں آپ کو بیوی ایسی چاہیے جو دیندار ہو، پڑھی لکھی ہو اور خوبصورت بھی ہو۔ یہ تو بہت مشکل ہے۔ اگر جنت سے حور بھی آجائے تو آپ اسے پسند نہیں کریں گے۔ وہ دیندار ہو، پڑھی لکھی ہو اور خوبصورت ہو گی لیکن اس کے پاس کسی یونیورسٹی کی سند تو نہ ہو گی۔ پھر برصغیر میں تنہا ایک لڑکی تو اتنی خصوصیات کی حامل نہیں ہو سکتی۔ اس کے لئے تو آپ کو تین شادیاں کرنی پڑیں گی۔ انھوں نے کہا۔ چچا بچپن میں جوتشی نے میرا ہاتھ دیکھ کر کہا تھا کہ تمہارے مقدر میں ایک شادی اور تین حج ہیں۔ پھر خود ہی آہ بھر کر کہنے لگے کاش یہ ترتیب معکوس ہو جائے۔"

بریگیڈئر عین غین کا خاکہ اڑاتے ہوئے کس خوبصورتی سے کہتے ہیں: "رمضان المبارک میں روزانہ مسجد تشریف لاتے وہ بھی صرف افطار کے لئے اور بڑی جدوجہد کر کے دو تین صحنکیں اٹھا لیتے۔ ہم نے کہا دن بھر بیڑیاں پھونکتے ہو پھر افطار کے وقت ایسا کرتے اچھا لگتا؟ کہنے لگے ہم نماز نہیں پڑھے گا، روزہ نہیں رکھے گا۔ سحری نہیں کرے گا تو کیا افطار بھی نہیں کرے گا۔ پورا کافر کا بچہ بن جائے گا!!"

کتاب کے آخری مضمون ستار، رضیہ، التونیہ میں رفیق شاکر رقم طراز ہیں:

"قاضی سراج الدین التوتیہ کو کرایہ دار کی حیثیت سے دیکھتے تھے اب دامادانہ نظروں سے بھی دیکھنے لگے۔ ہم نے سفارشانہ جدوجہد شروع کر دی۔ حسب نسب سے متعلق ہم نے کہا بچہ آل رسول سے ہے کہ کئی ہزار پشتوں کے بعد سلسلہ نسب حضرت

آدم سے جاملتا ہے۔"

یہ اور اسی طرح کی دوسری دلچسپ کہانیوں، خاکوں اور فکاہیہ نگارشات نے پوری کتاب کو زعفراں زار بنا کر رکھ دیا ہے جس کے رنگ و خوشبو آنکھوں کے ذریعے قاری کے رگ و پے میں پیوست ہو کر ایک ایسے سرور میں مبتلا کر دیتی ہے جس کا اثر ہفتوں زائل نہیں ہوتا۔ مجھے یقین ہے کہ مرزا رفیق شاکر اپنے قلم سے اسی طرح پھلجھڑیاں برساتے رہیں گے اور اس میدان میں مزید فتوحات حاصل کریں گے۔ بلاشبہ ان کی یہ کتاب اردو کے مزاحیہ ادب میں ایک قابل ذکر سنگ میل ثابت ہو گی اور ادبی حلقوں میں پذیرائی حاصل کرے گی۔

* * *

کچھ اہم ادبی تبصرے اور جائزے

تبصرے تاثرات جائزے

مرتبہ : ادارۂ ادبیاتِ اردو

بین الاقوامی ایڈیشن منظر عام پر آ چکا ہے